Simone und Claudia Paganini

Auferstanden, oder?

Der große Faktencheck zur Ostergeschichte

Mit Illustrationen von Christian Wischnewski

Für Adriano

Inhalt

Aus der Unterwelt zurück ins Leben?

Eine Einführung

Über die Auferstehung des Körpers und die Unsterblichkeit der Seele herrschte zur Zeit Jesu eine heftige Debatte. Von den Seelenvorstellungen, wie sie heute im christlichen Raum üblich sind, waren die Ansichten der Menschen von damals allerdings sehr verschieden. Aus den Schriften des Flavius Josephus gegen Ende des ersten Jahrhunderts nach Christi Geburt wissen wir recht genau, welche Überzeugungen die Gläubigen hatten. So berichtet er im *Bellum Judaicum* von drei Gruppen, den Pharisäern, Sadduzäern und Essenern, die sich die menschliche Seele jeweils ganz anders vorstellten. Das Thema war jedenfalls für diese religiösen Gruppierungen keine Nebensächlichkeit, sondern ein wesentliches Unterscheidungsmerkmal.

Die Essener glaubten an eine unsterbliche Seele, die im Körper gefangen ist und sich durch den Tod befreien kann. Die Seelen der Gerechten würden dann jenseits des *großen Sees* weiterleben, die der Bösen hingegen seien zu einem ewigen Leben als Schattenwesen in der Unterwelt verurteilt. Ähnlich wie in der platonischen Philosophie wird der Tod als Befreiung vom Körper gedacht. Eine Auferstehung des Körpers musste vor einem solchen Hintergrund als eine Art Ungeheuerlichkeit, ja als ein Skandal angesehen werden.

Bei den Pharisäern gab es solche, die ebenfalls an die Unsterblichkeit der Seele glaubten, und andere, die überzeugt waren, dass die Seelen, die sich im Leben richtig verhalten hätten, einen neuen Körper erhalten würden. Wann und wie genau sich das ereignen sollte, war unklar, aber manche rechneten sehr wohl mit einer Auferweckung des verstorbenen Körpers in seiner besten Form.

Den Sadduzäern war hingegen die Vorstellung von einer unsterblichen Seele völlig fremd, die Auferstehung des Körpers in der Folge ein sinnloses Gedankenkonstrukt. Die Tatsache, dass in der Torah nirgends von der Auferstehung die Rede ist, war für die Sadduzäer der Beweis dafür, dass es keine leibliche Auferstehung geben konnte.

Die Pharisäer hingegen beriefen sich auf einen Text aus dem zweiten Buch der Makkabäer, wo die Geschichte von sieben Brüdern und ihrer Mutter erzählt wird, die gefoltert und hingerichtet werden. In dem Moment, als der letzte und jüngste Bruder seine Treue zur Torah – und damit zum wahren Glauben – mit dem Tod bezahlen muss, begehrt die Mutter gegen die Schergen auf: »Gott hat uns die Hoffnung gegeben, dass er uns wieder auferweckt! (...) Der König der Welt wird uns zu einem neuen, ewigen Leben auferwecken« (2 Makk 7,9). Das ist die einzige Passage im Alten Testament, wo eindeutig auf die Auferstehung eines einzelnen Menschen Bezug genommen wird.

Andere religiöse Schriften – wie die Bücher Henoch und Esra –, die damals großes Ansehen genossen haben dürften, jedoch nie in den verbindlichen Kanon der Bibel aufgenommen wurden, beschreiben die Auferstehung als eine Wiedervereinigung zwischen der unsterblichen Seele mit einem neuen, sterblichen Körper auf einer verwandelten Erde.

Im Talmud, einem Werk, das vor allem die pharisäische Tradition übernimmt, findet man schließlich ein Verständnis von Auferstehung, das zur Zeit Jesu möglicherweise weitverbreitet war: »In der kommenden Welt gibt es kein Essen und Trinken, keine Fortpflanzung und keine Vermehrung«, heißt es dort. »Die Gerechten sitzen vielmehr da, ihre Kronen auf den Köpfen, und genießen den Glanz der Herrlichkeit Gottes« (Traktat Berakot 34).

Dass ein Mensch mit seinem alten, verstorbenen Körper wieder lebendig wird, wie das von Jesus überliefert ist, der die Male der Kreuzigung trägt und zur Schau stellt, passt jedoch ganz und gar nicht zu den traditionellen Vorstellungen des Judentums. Natürlich ist die Entstehungsgeschichte dieses Glaubens heute nicht mehr zu rekonstruieren. Noch weniger lässt sich erklären, warum plötzlich eine Gruppe von Menschen damit beginnt, die Auferstehung einer einzelnen Person zu predigen, und damit noch dazu ungeheuerlichen Erfolg hat. Dieses Phänomen ist und bleibt ein Unikum der Religionsgeschichte.

Im Lukasevangelium finden wir aber einen Hinweis auf den Startschuss für diesen eigenartigen Glauben. Dort wird erzählt, dass die Jünger und Jüngerinnen am dritten Tag nach dem Tod Jesu in Jerusalem in einem Saal zusammengekommen seien – und dann plötzlich ihr verstorbener Lehrer unter ihnen erschienen sei. »Und er sprach zu ihnen: ›Was seid ihr bestürzt, und warum steigen Gedanken auf in euren Herzen? Seht meine Hände und meine Füße, dass ich es selbst bin; betastet mich und seht! Denn ein Geist hat nicht Fleisch und Bein, wie ihr seht, dass ich habe.‹ Und als er dies gesagt hatte, zeigte er ihnen die Hände und die Füße. Als sie aber noch nicht glaubten vor Freude und sich wunderten, sprach er zu ihnen: ›Habt ihr hier etwas zu essen?‹ Sie aber reichten ihm ein Stück gebratenen Fisch; und er nahm und aß vor ihnen.« (Lk 24,38-43)

Jesus ist wieder lebendig, er trägt die Wunden der Kreuzigung, was bedeutet, dass er kein anderer sein kann als der Jesus, der drei Tage zuvor am Kreuz gestorben ist. Noch dazu nimmt er Speisen zu sich, d.h. er hat einen Körper, ist kein Geist oder sonst eine immaterielle Erscheinung. Ganz gleich, ob wir der Erzählung heute glauben wollen oder nicht, können wir davon ausgehen, dass die ersten Christen das getan haben. Ihr Verständnis von Auferstehung hatte seinen Ursprung also nicht in einer abstrakten philosophischen Theorie, sondern in der Erfahrung der Begegnung mit einem konkreten Menschen, mit einem Menschen, den sie gut gekannt hatten und der gewaltsam zu Tode gekommen war.

Selbstverständlich ist die Frage nach der historischen Glaubwürdigkeit dieser Begegnung legitim. Doch weder Scheintod-Erklärungen noch die These, die Leiche sei von Dritten entwendet und die Jünger folglich betrogen worden, reichen als Begründung für die Entstehung dieses Glaubens aus, eines Glaubens, der so stark werden sollte, dass er die religiöse Landschaft der Menschheitsgeschichte bis heute verändern sollte. Dazu kommt noch, dass die Geschichte vom leeren Grab erst später entstanden ist, ein Betrugsverdacht am Anfang der Botschaft von der Auferstehung also gar nicht ausgesprochen werden konnte. Und außerdem: Ein leeres Grab verursacht in erster Linie Angst und Verzweiflung, jedoch keinen Glauben.

Der Auferstehungsglaube beruht vielmehr auf positiven subjektiven Erlebnissen einzelner Menschen, die nicht mehr beweisbar sind. Man kann und konnte über sie sprechen, hat sie bezeugt und musste dafür in den Anfangstagen des Christentums in der Regel den Märtyrertod sterben, was übrigens das Schicksal vieler Zeugen des Auferstehungsgeschehens war. Es ist daher nicht möglich, die Ereignisse von damals zu überprüfen. Was sehr wohl einem Faktencheck unterzogen werden kann, ist der Kontext, in dem sich all das zugetragen hat und was über diesen berichtet wird. Zeit, Orte, Hauptprotagonisten und Nebendarsteller können durchaus kritisch in den Blick genommen werden, und zwar anhand moderner historischer wie literaturwissenschaftlicher Methoden.

Sehr viel wissen wir über die Autoren – und möglicherweise auch Autorinnen – dieser Texte allerdings nicht. Die Tradition spricht von vier Männern: Markus, Matthäus, Lukas und Johannes. Die ersten drei werden als Synoptiker (vom Griechischen *mit einem Auge*) bezeichnet, weil ihre Schriften sehr ähnlich sind und daher leicht miteinander verglichen werden können. Die vier Namen stehen aber nicht nur für die Verfasser der heutigen Evangelien, sondern für vier zum Teil durchaus unterschiedliche (religiöse) Gruppierungen, die zwar dieselbe Geschichte erzählen, sie aber, je nach ihren eigenen Interessen und Anliegen, um unterschiedliche, einander bisweilen widersprechende Details bereichern.

Außerdem ist da noch Paulus. Dieser hat – das beweisen außerbiblische historische Quellen – tatsächlich gelebt und zumindest sieben jener Briefe verfasst, die ihm im Neuen Testament zugesprochen werden. Er erzählt zwar nicht die Geschichte von der Auferstehung, wie das die vier Evangelisten tun, kennt aber diese Tradition und ist vor allem davon überzeugt, dem

Auferstandenen begegnet zu sein. Alle fünf verstehen sich als *Zeugen*, entweder, weil ihnen der Auferstandene erschienen ist oder weil sie in engem Kontakt mit jemandem stehen, der von einer solchen Erfahrung zu berichten wusste. Ihre Texte geben daher Erinnerungen wieder und sind mit einem klaren Ziel verfasst worden. Sie sind nicht *objektiv*, wollen nicht als Tatsachenberichte verstanden werden und können dennoch dazu herangezogen werden, historisch glaubwürdiges Wissen zu generieren. Warum das so ist, werden wir im Lauf dieses Buches zeigen.

Eines sei aber bereits vorweggenommen. Das Bekenntnis zur Auferstehung Jesu bildet heute das Zentrum des christlichen Glaubens und wurde von Anfang an als solches gesehen. Damit aber kam es zum radikalen Bruch mit der ursprünglichen Religion Jesu, dem Judentum. Denn im ersten Jahrhundert nach Christus erwartete in Palästina niemand einen Messias, der am Kreuz sterben und nach drei Tagen wieder ins Leben zurückkehren würde.

Wenn wir diese Texte heute lesen, dürfen wir nicht vergessen, dass die Erzählungen der Evangelien in einem krassen Widerspruch zu dem standen, was die Menschen damals erhofften. Nicht nur für die kulturellen, sozialen und traditionellen Gegebenheiten, auch für die religiösen Vorstellungen und Erwartungen war der Auferstehungsglaube zunächst eine Zumutung. Anders als im 21. Jahrhundert erschien die Passions- und Ostergeschichte in den Anfangstagen des Christentums den meisten Menschen absurd, wenn nicht skandalös. Die Menschen, die sie dennoch predigten, wollten und mussten sie daher in erster Linie nachvollziehbar machen und nicht einen historischen neutralen Bericht abliefern.

1.

Zwölf Jünger beim Abendmahl

Als Ludovico Sforza, seinerzeit Herzog von Mailand, Ende des 15. Jahrhunderts Leonardo da Vinci beauftragte, im Speisesaal des Dominikanerklosters Santa Maria delle Grazie ein Wandgemälde anzufertigen, ahnte er nicht, dass dieser ein Kunstwerk erschaffen würde, das an Bekanntheit nur von der *Mona Lisa* übertroffen werden sollte: *Das letzte Abendmahl*. Das mit einer Mischung aus Öl und Farbpigmenten auf einem trockenen Putz ausgeführte Werk, an dem der Künstler vier Jahre lang, von 1494 bis 1497, arbeitete, gilt heute als Höhepunkt von Leonardos malerischem Schaffen. Das Gemälde erweitert mit einer gewagten Perspektive die Nordwand des Saals und war in der damaligen Zeit in seiner Wirkung einzigartig: Nie zuvor war es gelungen, Emotionen, Bewegungen und Gefühle auf derart realistische Art und Weise darzustellen.

Aufgrund verschiedener Probleme mit dem Material schon im Entstehungsprozess nahm das Gemälde allerdings rasch Schaden. Als Mönche später einen Zugang zu einer neu errichteten Küche schaffen wollten, wurde der Durchbruch für die Tür genau dort vorgenommen, wo bis dahin die Füße Jesu zu sehen gewesen waren. Der Umstand, dass Napoleon den Speisesaal zu einem Stall für die Pferde seiner Truppen umfunktionierte und dass das Gebäude 1943 bei einem Bombardement der Alliierten getroffen wurde, trug nicht gerade dazu bei, die Haltbarkeit des Meisterwerks zu steigern. Schließlich wurden in der Nachkriegszeit Restaurierungsversuche mit ätzenden Lösungsmitteln vorgenommen, die das genaue Gegenteil des Angestrebten zur Folge hatten und den Zustand des Bildes zusätzlich verschlechterten.

Dennoch fasziniert das Gemälde auch heute noch: Der dramatische Höhepunkt am Vorabend der Passion – Jesus teilt seinen Freunden mit, dass einer von ihnen ihn verraten werde – ist derart lebensnah dargestellt, dass man beim Betrachten den Eindruck hat, selbst dabei zu sein. Medienwissenschaftler würden in diesem Zusammenhang von der Erlebnisfunktion des Bildes sprechen, von seiner emotionalen Dimension, die jene der Sprache deutlich übertrifft. Wer ein Bild oder eine Fotografie betrachtet und sich unmittelbar angesprochen fühlt, vergisst nämlich schnell, dass die Abbildung genauso eine Interpretation des Geschehenen ist wie ein Text, und fühlt sich – fälschlicherweise – als Augenzeuge. Wer ein Bild sieht, meint sich informiert, glaubt zu wissen, was geschehen ist. Und so war Leonardos Darstellung des letzten Abendmahls maßgeblich dafür verantwortlich, was die Christen nach ihm von diesem historischen Moment zu wissen meinten. Doch was wissen wir wirklich?

Mit wem hat Jesus zum letzten Mal gegessen?

Leonardo positioniert Jesus in der Mitte des Tisches, zu seiner Linken und zu seiner Rechten befinden sich sechs Apostel, die in je zwei Dreiergruppen angeordnet sind. Sehr wahrscheinlich wusste der Maler nicht, dass schon diese Aufstellung dem Bild, das die Evangelien von der Situation zeichnen, widerspricht. Im griechischen Originaltext der Evangelien ist nämlich von *anakeísthai* (Markus- und Matthäusevangelium) bzw. von *anapíptein* (Lukasevangelium) die Rede. Damit wird die zur Zeit Jesu verbreitete griechisch-römische Sitte bezeichnet, halbliegend zu essen. Von einem oder mehreren Kissen gestützt – wie es das Markusevangelium nahelegt (14,15) – ruhten Jesus und seine Freunde auf dem linken Ellenbogen und bedienten sich mit der rechten Hand. Das Essen mit der linken Hand zu sich zu nehmen galt nämlich als unanständig. Die Beine streckte man nach hinten, vom Tisch weg, aus, sodass sich mehrere Menschen zugleich von meist mehreren niedrigen Tischen, um die die Essenden sich gelagert hatten, bedienen konnten. Brot und Getränke standen meistens auf Schemeln bereit, die zwischen den Tischchen aufgestellt wurden. Alles das konnte Leonardo natürlich nicht wissen.

Im Hinblick auf die Zahl der Apostel orientierte er sich am Matthäusevangelium, das als einziges die Zahl zwölf nennt. Im Markus- und im Johannesevangelium ist dagegen nur ganz allgemein die Rede von *Jüngern*, im Lukasevangelium von *Aposteln*. Die Tradition des Matthäusevangeliums allerdings hat noch heute schwerwiegende Folgen. Unter Berufung darauf nämlich, dass beim letzten Abendmahl, in dessen Verlauf der Tradition nach Jesus die Priesterweihe und die Eucharistie stiftete, nur Männer anwesend gewesen sein sollen, wird Frauen in der katholischen Kirche nach wie vor die Priesterweihe vorenthalten (→ S. 115-117, 161-166). De facto ist aber weder die Zahl noch die Identität der am Mahl teilnehmenden Personen historisch klar rekonstruierbar.

Zwar sollen *die Zwölf* – sofern man sich an den Evangelien und der Apostelgeschichte orientiert – Jesus während der Zeit seines öffentlichen Wirkens begleitet haben. Nach seinem Tod dürfte der Zwölferkreis aber rasch an Bedeutung verloren haben. So wird für Judas, den Verräter, noch ein Ersatzmitglied gewählt, danach wird von keiner Nachbesetzung mehr berichtet. Keine einzige antike Quelle spricht davon, dass in der frühen Kirche eine *Zwölfer-Gruppe* existiert oder gar davon, dass sich die Struktur der frühen Kirche an dem von Jesus bevorzugten Modell einer Leitung durch zwölf gleichberechtigte Männer orientiert hätte. Das ist eigenartig, denn genau diese Gruppe von zwölf Männern dürfte Jesus als Urstruktur der neuen Gemeinschaft, wenn nicht sogar des neuen Volkes Gottes angesehen haben.

Denn – so legt das Neue Testament nah – Jesus ging es um die Erneuerung des Gottesvolkes, um das Volk Israel, zu dem zwölf Stämme gehörten. Der Zwölferkreis wurde vermutlich vor diesem Hintergrund von Jesus selbst eingesetzt und durfte daher – sollte man meinen – nicht ohne Weiteres aufgelöst werden. Schließlich hielt man über die Jahrhunderte hinweg an vielen Dingen fest, die Jesus getan und gesagt hatte, die aber deutlich weniger wichtig waren als die Organisationsstruktur *seiner* Kirche; an dem aus zwölf Menschen bestehenden, gewissermaßen demokratischen Leitungsgremium dagegen nicht. Sind die Zwölf also vielleicht doch eine spätere literarische Hinzufügung, die nicht auf Jesus zurückgeht? Oder umgekehrt: Ist ihre Tilgung aus der Kirchengeschichte eine Entscheidung gegen die jüdische Symbolik der Zahl Zwölf?

Diese Fragen sind auch deshalb schwer zu beantworten, weil die Berichte über die Zwölf alles andere als einheitlich sind. Im Neuen Testament sind nämlich vier Listen mit zwölf Namen überliefert. Die Namen auf diesen Listen stimmen jedoch nicht überein. So führt das Johannesevangelium, das grundsätzlich zwar von *den Zwölfen* berichtet, eine Liste mit nur sieben Jüngern, von denen zwei anonym bleiben und einer den ansonsten nirgends belegten Namen *Nathanael aus Kana* trägt. Aber auch den anderen Evangelien und der Apostelgeschichte ist nur gemeinsam, dass Petrus stets an der ersten und Judas Iskariot an der letzten Stelle genannt wird (→ S. 29-34). Ansonsten variieren Namen, Beinamen und Reihenfolge der übrigen Jünger.

In der Gruppe selbst hat es wohl immer schon Spannungen gegeben; das jedenfalls berichten die Evangelien für die Zeit, in der Jesus noch lebte und mit den Jüngern umherzog. Nach seinem Tod dürften die Auseinandersetzungen weitergegangen sein. Insbesondere stritt man über Wichtigkeit, Funktionen und Aufgaben. Der größte Konflikt bestand aber im Hinblick auf den Ehrentitel *Apostel*. Paulus, der selbst sein ganzes Leben kämpfen sollte, um den Titel Apostel tragen zu dürfen, unterscheidet hier klar zwischen *den Zwölfen* und *den Aposteln*.

Wer also die Menschen waren, die das letzte Abendmahl feierten und sich – folgt man dem Johannesevangelium – von Jesus die Füße waschen ließen, ist heute nicht mehr mit Sicherheit zu rekonstruieren. Zugleich muss aber die klassische katholische These, dass bei diesem besonderen gemeinsamen Mahl keine Frau anwesend gewesen sein soll, als unwahrscheinlich gelten. Denn es gab eine Reihe von Frauen, die Jesus jahrelang begleitet und ihm gedient hatten und die bis zu seinem Tod bei ihm geblieben sind, selbst als die Jünger längst geflohen waren (→ S. 115-117).

Wann hat Jesus zum letzten Mal gegessen?

Soweit zum Wer der geladenen Gäste. Doch auch das Wann des Abendmahls ist nicht ohne Weiteres genau zu bestimmen. Grundsätzlich berichten alle vier Evangelien, dass Jesus an einem Freitag gestorben ist. Allerdings gibt es zwischen den drei synoptischen Evangelien (Markus, Matthäus und Lukas) und dem Johannesevangelium einen entscheidenden Unterschied. Dem Johannesevangelium zufolge ist dieser Freitag nämlich der Rüsttag, der Tag zur Vorbereitung des Passahfestes also, das immer am 15. des Monats Nisan gefeiert wird. Das Fest beginnt offiziell mit dem Sonnenuntergang am Vorabend und dauert eine ganze Woche. Am Abend des 14. Nisan findet nach jüdischer Tradition ein mehrstündiges rituelles Mahl statt, das rechtzeitig vorbereitet werden musste, denn am Feiertag durften fromme Juden nicht arbeiten und daher auch nicht das Passahlamm schlachten. Das letzte Abendmahl müsste dem Johannesevangelium zufolge also ein gewöhnliches Abendessen am Abend des 13. Nisan gewesen sein. Es wurde Wein getrunken und Brot gegessen, aber es fehlen die klassischen Speisen, die für Passah notwendig gewesen wären: bittere Kräuter, ungesäuertes Brot und vor allem das Lamm. Für die synoptischen Evangelien hingegen war dieser Freitag der erste Tag des Festes – also der 15. Nisan –, was aber bedeuten würde, dass es sich beim letzten Abendmahl um ein traditionelles Passahmahl gehandelt hätte. Dazu passt auch, dass diese drei Evangelien ausführlich schildern, wie Jesus zuvor zwei Jünger vorausgeschickt hat, um das Passah vorzubereiten.

So oder so lassen sich die unterschiedlichen Angaben nicht in Einklang bringen, auch wenn im Lauf der Jahrhunderte immer wieder komplexe Versuche unternommen worden sind, die Widersprüche zu erklären. Man argumentierte, die Synoptiker hätten den üblichen jüdischen Mondkalender verwendet, das Johannesevangelium hingegen den zum Beispiel bei den Essenern beliebten Sonnenkalender. Das ist allerdings nicht besonders glaubwürdig, denn die Kalender-Frage stellte damals im Judentum ein für die korrekte Ausübung der religiösen Rituale zentrales Problem dar. Hätte Jesus, wie die synoptischen Evangelien es nahelegen, eine Abweichung vom Üblichen gewollt, dann hätte das explizit thematisiert werden müssen. Außerdem passt die Verwendung des Sonnenkalenders mit der allgemein anerkannten *Ein-Tag-Chronologie* – Jesus wurde innerhalb eines Tages gefangen genommen, verurteilt, getötet und begraben – nicht zusammen. Insofern dürfte das Johannesevangelium ebenfalls den gewöhnlichen Mondkalender verwendet haben und mit seiner Erzählung tatsächlich etwas anderes behaupten als die synoptischen Evangelien, nämlich, dass das letzte Abendmahl gerade kein Passahmahl war, sondern am Vortag von Passah, dem *Rüsttag,* stattfand.

Dass die synoptische Tradition die tatsächlichen Geschehnisse wiedergibt, ist tatsächlich auch gar nicht so wahrscheinlich, denn die Erzählung vom Mahl selbst enthält keine Hinweise darauf, dass es sich hierbei um ein Passahmahl handelte. Traditionsgeschichtlich gesehen dürfte die Deutung des letzten Abendmahls als Passahmahl daher eine spätere Hinzufügung sein. Diese wurde dazu genutzt, die Einsetzung der Eucharistie als neues Passah zu inszenieren. Das war theologisch selbstverständlich äußerst relevant, ist historisch jedoch unhaltbar.

Alles in allem ist daher die Chronologie des Johannesevangeliums zu bevorzugen. Obwohl gerade dieses Evangelium deutlich später verfasst wurde und meistens eine klare theologische Absicht verfolgt, sind seine topographischen und chronologischen Angaben oftmals – und so auch in diesem Fall – präziser. Das Zusammenkommen der jüdischen Obrigkeit (→ S. 42-51). das Verhör bei Pilatus (→ S. 58-66) und die Befreiung von Barabbas (→ S. 69-72) sind am Rüsttag denkbar, am ersten Tag des Festes sind sie hingegen sehr unwahrscheinlich (→ S. 72-75). Und da Jesus de facto an dem Tag stirbt, an dem die Passahlämmer getötet werden, deutete man diesen Umstand dann in eine christologische Richtung: Jesus ist das neue Opferlamm. Die synoptischen Evangelien gehen genau umgekehrt vor: Sie wollen die Eucharistie als neues Passah deuten und bestimmen den Termin des letzten Abendmahls in diesem Sinn. Der Preis dafür ist, dass im Endeffekt eine unglaubwürdige Datierung zustande kommt.

Die Bestimmung des Todesjahres Jesu dagegen ist deutlich einfacher. Zunächst einmal kann man davon ausgehen, dass Jesus zwischen 26 und 36 n. Chr. gestorben sein muss, als Pilatus Präfekt in Judäa war (→ S. 55-58). Da Jesus – wie das Lukasevangelium in Kapitel 3,1 erzählt – sein öffentliches Wirken kurz nach der Taufe im Jordan begonnen hat, die im 15. Jahr der Herrschaft von Kaiser Tiberius stattfand (also zwischen 26 und 29 n. Chr.), und da dieses öffentliche Wirken ein bis drei Jahre gedauert haben dürfte, lässt sich das Zeitfenster weiter auf die Jahre zwischen 27 und 33 n. Chr. eingrenzen. Eine nochmalige Präzisierung lässt sich vornehmen, wenn man bedenkt, dass der 14. Nissan nur in den Jahren 30 und 33 n. Chr. ein Freitag und damit Rüsttag für das Passahfest war. Zwischen diesen beiden Daten ist schließlich dem Jahr 30 der Vorzug zu geben, weil das Jahr 33 ein zu langes Wirken Jesu voraussetzen würde. Nach dem gregorianischen Kalender, der heute in der westlichen Welt üblich ist, wurde Jesus folglich am 7. April des Jahres 30 hingerichtet. Am 6. April aß er mit einer Gruppe von Freunden und Freundinnen ein letztes Mal zu Abend. Es war ein ganz normales Abendessen mit Wein und Brot, aber ohne Lammfleisch.

Wo hat Jesus zum letzten Mal gegessen?

Der Raum des *letzten Abendmahls*, so wie ihn sich Leonardo vorgestellt hat, ist symmetrisch ausgerichtet und schmucklos. Die Perspektive führt den Blick in die Tiefe, die beiden Fenster und die Tür eröffnen den Horizont in Richtung einer nur angedeuteten grünen Landschaft mit blauem Himmel. Selbstverständlich entstammen all diese Details allein da Vincis künstlerischer Fantasie.

Darüber, wo der Raum des letzten Mahles, das Jesus mit seinen Jüngern hielt, historisch zu lokalisieren sei, ist sich die Forschung uneinig. Handelte es sich um eine Dachterrasse in Bethanien im Haus des Lazarus? Um einen vornehm eingerichteten Saal in der Jerusalemer Oberstadt oder um die ärmliche Wohnung einer befreundeten Familie in der Unterstadt?

Die synoptischen Evangelien erzählen, dass zwei Jünger nach Jerusalem geschickt wurden, wo sie einen Mann ausfindig machen sollten, der einen Wasserkrug trug. Dieser habe sie dann in ein *großes Zimmer* geführt. Doch ob es sich dabei um eine historische Information handelt, ist fraglich. Denn der griechische Begriff lautet *katályma*, dasselbe Wort also, das – allerdings mit *Herberge* übersetzt – in der Weihnachtserzählung des Lukasevangeliums den Geburtsort Jesu bezeichnet. Die symbolische Bedeutung dieser Stelle ist nicht zu übersehen: Geburt und Tod stehen in einem engen Zusammenhang. Als historische Ortsangabe ist er allerdings wenig geeignet.

Der Wasserträger selbst wurde vielfach mit einem Essener identifiziert. Denn das Wassertragen war damals eine Frauentätigkeit, die Männer nur dann verrichteten, wenn sie – wie die Essener – ohne Frauen lebten. Besagter Wasserträger könnte die Jünger den steilen Weg von der Schiloachquelle hinauf in das Essener-Viertel im südwestlichen Teil der Stadt Jerusalem geführt haben. Der Schwachpunkt dieser Hypothese liegt darin, dass sich das Essener-Viertel in Jerusalem nicht eindeutig identifizieren lässt. Und natürlich gab es in einer Stadt von 30.000 bis 40.000 Einwohnern, zu denen kurz vor den jüdischen Hauptfesten ein Mehrfaches an Pilgern hinzukam, eine Menge von armen Menschen, Dienern oder Sklaven, die den gut Situierten der Oberstadt die lästige Arbeit des Wassertragens abnahmen.

Die Analyse des Textbefundes liefert also höchstens den Hinweis, dass Jesus und seine Jünger irgendwo in Jerusalem gespeist haben. Die Beziehung zu den Essenern ist reine Spekulation. Ebenso wenig historisch sind die Räumlichkeit, die heute Pilgern und Touristen in Jerusalem als *coenaculum* – also als Ort des letzten Abendmahls – gezeigt werden. Diese liegen in der Nähe der Dormitio-Abtei auf dem heutigen Zionsberg. In dieser Gegend dürfte sich eine der ersten christlichen Gemeinschaften regelmäßig getroffen haben, wie eine Quelle aus dem 2. Jahrhundert belegt. Dort versammelten sich die Jünger und – laut der biblischen Darstellung – empfingen den Heiligen Geist. Da das laut Apg 1,13 in einem *Obergemach* geschehen sein soll, wurden im Lauf der Zeit vermutlich die beiden Traditionen verschmolzen. Das Lukasevangelium und die Apostelgeschichte verwenden für beide Räume zwar verschiedene Begriffe – möglicherweise wollte man bewusst differenzieren –, für die frommen Gläubigen war es hingegen bald ein einziger Raum, in dem die Eucharistie grundgelegt und der Heilige Geist empfangen wurde.

* * *

Bereits der Beginn der Passionsgeschichte birgt also viele Rätsel, die man heute nicht mehr zufriedenstellend lösen kann. Wir wissen weder, wo das letzte Abendmahl stattgefunden, noch wer daran teilgenommen hat. Allerdings dürfte es kein jüdisches Passahmahl gewesen sein. Die offenen Fragen stellen im Grunde genommen aber kein großes Problem dar. Denn einerseits handelt es sich bei der Passionsgeschichte nicht primär um ein historisches, sondern vor allem um ein theologisches Geschehen. Andererseits hängt die Bedeutsamkeit – und wohl auch die *Heiligkeit* – eines Ortes nicht unbedingt damit zusammen, ob sich bestimmte heilsgeschichtlich zentrale Ereignisse wirklich dort zugetragen haben, sondern mit der gläubigen Einstellung von Generationen von Gläubigen, die diese Stätten besucht und sich dort betend und glaubend ihrem Gott anvertraut haben. Das gilt für den Großteil der Orte, die heute traditionell mit dem Passionsgeschehen in Verbindung gebracht werden.

2.

Judas, oder: Verraten durch einen Kuss?

Judas, der *Verräter*, ist die wohl umstrittenste Person der Passionsgeschichte. Manche meinen, ohne ihn hätte es keinen Tod Jesu am Kreuz gegeben und *ohne* diesen Tod am Kreuz auch keine Auferstehung, sodass der Heilsplan Gottes nicht hätte vollendet werden können. Judas sei demnach als notwendiges Instrument für die Errettung der Welt zu denken. Mit seinem *Verrat* habe er – und nicht Jesus – den entscheidenden Schritt getan, die Menschheit zu erlösen. Diese sehr alte, von der Kirche als ketzerisch gebrandmarkte Position ist eigentlich nicht ganz abwegig. Bei vielen gläubigen Christen sorgte diese Deutung in den vergangenen 2000 Jahren aber für Empörung. Das dürfte auch der Grund dafür gewesen sein, dass man die Gestalt des Judas bewusst in ein schlechtes Licht rückte. Den Anfang machten bereits die Evangelien. Dort wird Judas nämlich als habgierig, falsch, treulos, hinterlistig und verräterisch beschrieben, kurzum: als Prototyp des Sünders.

Judaslohn, *Judaskuss* oder einfach *Judas* werden auch heute noch als Schimpfworte gebraucht. Das Standesamt kann sich sogar weigern, den Namen Judas für ein neugeborenes Kind einzutragen, da dies – so die offizielle Erklärung – dem Kindeswohl zuwiderlaufen würde. Wohl auch wegen des Lautgleichklangs zwischen *Judas* und *Jude* wurde der biblische Judas von der antijüdischen christlichen Propaganda schon sehr früh als negatives Paradebeispiel für den *verstockten Juden* angesehen: hässlich, mit Hakennase, verschwörerisch und geldgierig. Frühkirchliche Autoren wie Hilarius von Poitiers, Augustinus, Johannes Chrisostomos, aber auch Luther und die gesamte mittelalterliche Tradition sind sich hier einig.

Judas der küssende Verräter

Nach dem – rückblickend betrachtet – letzten Abendmahl zieht sich Jesus in den Garten Gethsemane, einen Olivenhain am Fuß des Ölbergs in Jerusalem, zurück und betet. Es nähert sich ihm eine Gruppe von Menschen, jüdische Tempelpolizisten, die unter dem Befehl des Hohepriesters stehen und Jesus verhaften wollen. Judas führt sie an. Er weiß, wo sich Jesus aufhält, denn er gehört zum engeren Kreis seiner Anhänger und hat kurz zuvor noch der Einsetzung der Eucharistie beigewohnt (→ S. 18-19). Alle vier Evangelien erzählen von dieser Begebenheit. Außerdem kommt sie auch in der Apostelgeschichte und in einer weiteren sehr alten Schrift vor, dem Fragment III,2-3, das der Tradition nach von Papias, einem Kirchenvater und Bischof der kleinasiatischen Stadt Hierapolis, verfasst worden sein soll. Papias war angeblich ein Freund des Apostels Johannes und hatte daher einen privilegierten Zugang zu den Geschehnissen rund um die Gefangennahme und Hinrichtung des Messias. Selbst bei einer oberflächlichen Betrachtung dieser sechs Texte zeigt sich, dass sich die Reputation des Judas im Lauf der ersten 100 Jahre Kirchengeschichte zusehends verschlechtert hat.

In der ältesten schriftlichen Quelle, dem Markusevangelium, ist Judas einfach derjenige, der Jesus seinen Feinden übergibt. Diese Vorstellung passt gut zur ursprünglichen Bedeutung des griechischen Verbs *paradídomi*, das zunächst noch neutral gebraucht wurde und mit *übergeben, ausliefern, aushändigen, hingeben* übersetzt werden kann. Die Logik in der Verwendung dieses Verbs besteht darin, dass sich Jesus bereits vor der Gefangennahme mit seinem, von ihm selbst antizipierten Schicksal abgefunden und Judas das Unvermeidliche bloß vollzogen hat. Ein paar Jahre später macht das Matthäusevangelium aus Judas dann einen geldgierigen Verräter, der Jesus für einen lächerlich geringen Preis an die jüdische Obrigkeit verkauft. Zugleich handelt es sich beim Matthäusevangelium aber auch um den einzigen Text, in dem Judas als *etaìros*, sprich als ein *Freund*, *Kumpel*, *Genosse*, *Mitgefährte*, von Jesus bezeichnet wird und sogar von Reue die Rede ist (Mt 27,3). Judas gibt das Geld zurück und bereitet den jüdischen Priestern damit ein nicht einfach zu lösendes Problem: Der *Preis des Blutes* ist nämlich unrein und darf nicht als Spende für den Tempel akzeptiert werden, weshalb schließlich ein Grundstück angekauft wird.

Die erste Quelle, die Judas von vornherein als Verräter betitelt, ist das Lukasevangelium (*prodótes* in Lk 6,16). Hier wird auch geschildert, dass der Teufel seine Finger oder besser seine Krallen im Spiel gehabt haben muss (Lk 22,3), was allerdings nicht als mildernder Umstand für Judas angesehen wird. Wenige Jahrzehnte später ist das Johannesevangelium dann sogar davon überzeugt, dass Judas selbst der bzw. ein Teufel sei (Joh 13,2). Dazu passt, dass Judas als gieriger Dieb beschrieben wird, der sich regelmäßig an der gemeinsamen Kasse der Jünger bereichert haben soll (Joh 12,6). Damit korrigiert das Johannesevangelium in aller Eindeutigkeit die Darstellung des Markusevangeliums: Es war nicht Judas, der Jesus übergeben und damit die Heilsgeschichte erst ermöglicht hat, sondern Jesus, der alles im Voraus gewusst und sogar das Geschehen des

Verrates selbst angestoßen hat: »Was du tun willst, das tue bald!« (Joh 13,27), wird Jesus bei Johannes zitiert. Vom Kuss zwischen dem Messias und seinem Verräter wird nichts berichtet.

Ungefähr zur gleichen Zeit, in der das Johannesevangelium entstanden ist, war es vor allem Bischof Papias ein großes Anliegen, das Bild des Judas ein für alle Mal ins unüberbietbar Negative zu wenden. Er soll in einer Predigt Folgendes gesagt haben: »Als hervorragendes Beispiel von Gottlosigkeit wandelte Judas in dieser Welt. (...) Sein Schamglied erschien aber durch Missgestaltung überaus widerlich und groß, und es gingen dadurch aus dem ganzen Körper zusammenfließend Eiterteile und Würmer (...). Als er dann nach vielen Qualen und Strafen (...) starb, wurde der Ort von dem Geruch öde und unbewohnt. Ja es kann bis zum heutigen Tage keiner an der Stelle vorübergehen, ohne sich die Nase mit den Fingern zuzuhalten. So stark erfolgte der Ausfluss durch sein Fleisch auf die Erde.« Soweit Papias in seiner gewiss nicht historischen Schilderung.

Doch auch in den Evangelien ergeben sich bei näherer Betrachtung Ungereimtheiten. Ja, selbst der berühmt berüchtigte Kuss hält einem Faktencheck nicht stand, sondern entpuppt sich mit großer Wahrscheinlichkeit als eine literarische Ausschmückung. Grundsätzlich kennen nur die Evangelien nach Matthäus, Markus und Lukas eine Kuss-Szene. Das hierfür gebrauchte Verb *kataphiléo* bringt Zärtlichkeit ebenso wie Entschlossenheit zum Ausdruck. Allerdings verändert bereits die lukanische Fassung die älteren Schilderungen so massiv, dass nunmehr unklar ist, wie und vor allem warum Judas Jesus geküsst haben soll. Dem

Autor des Johannesevangeliums dürfte schlichtweg keine Überlieferung von einem Kuss vorgelegen haben. Ansonsten hätte er das Bild wohl gezielt eingesetzt, um den Charakter des Judas noch negativer zu zeichnen. Denn einen so schwerwiegenden Verrat ausgerechnet durch einen Kuss, das Sinnbild der Liebe schlechthin, zu vollziehen, kann nur einem durch und durch schlechten Menschen einfallen.

Abgesehen davon lässt sich feststellen, dass nirgends berichtet wird, die Jünger hätten einander oder gar ihren Meister Jesus zur Begrüßung geküsst (→ S. 161-162). Und auch in der konkreten Situation im Garten Gethsemane ist ein Kuss zum Erkennbar-Machen des Messias nicht besonders plausibel. Die Tempelwache kannte Jesus nämlich bereits, hatte er doch vor Kurzem erst im Vorhof des Tempels für einigen Aufruhr gesorgt, als er die Geldwechsler, Händler und deren Tiere von dort verjagte. Schließlich war die Nacht wegen des Vollmonds hell genug, um auch ohne Judaskuss eindeutig erkennen zu können, dass der Anführer der kleinen Ansammlung von Menschen Jesus war.

Der Kuss dürfte – aus heutiger Sicht – also nicht auf eine historische Begebenheit zurückgehen, sondern die literarische Wiederaufnahme eines alttestamentlichen Motivs sein: Joab, ein General Davids, soll nämlich Amasja geküsst und *Bruder* genannt haben, bevor er ihn mit seinem Schwert tötete (2 Sam 20,9-10). Die frühen Rabbiner deuteten außerdem den Kuss zwischen Esau und Jakob bei ihrem Wiedersehen als *Kuss der Falschheit*. Denn tatsächlich werden die beiden Brüder nach diesem Kuss keinen Kontakt mehr miteinander pflegen. Und das Buch der Sprüche ist schließlich noch unmissverständlicher, wenn es in Kapitel 27,6 heißt: »Gefährlich sind die Küsse des Feindes.«

Der Tod des Judas: ein unlösbares Rätsel?

Was also ist real an den Schilderungen der Evangelien? Was wissen wir über Judas? Erste Anhaltspunkte liefert sein Name. Johannes nennt ihn den *Sohn des Simon* (Joh 6,71), alle vier Evangelien geben ihm den Beinamen *Iskariot*. Als Fachausdruck interpretiert, könnte *Iskariot* als *Mann aus Kerioth* gedeutet werden, denn Judas stammte aus einem kleinen Dorf in der Nähe von Hebron in Judäa. Judäer und Galiläer standen sich zur Zeit Jesu aber nicht besonders freundlich gegenüber, was vor allem auf die sprachlichen und religiösen Unterschiede zurückzuführen sein dürfte. Die Herkunft des Judas aus Judäa könnte darum auch ein Grund für seine Schwierigkeiten innerhalb der ausschließlich aus Galiläern bestehenden Jüngergruppe gewesen sein. Wenn im Wort Iskariot jedoch der Begriff *sica* anklingt, also die Bezeichnung für den traditionellen Krummdolch der jüdischen Widerstandskämpfer, umgangssprachlich Sikarier genannt, würde sein Beiname Judas als Rebellen, als Mitglied der Zeloten, ausweisen.

Beide Deutungen werfen sowohl auf philologischer, als auch auf inhaltlicher Ebene Fragen auf. Warum wird ein Judäer zum Jünger eines galiläischen Rabbi? Und weshalb sollte ein Zelot, ein bewaffneter Widerstandskämpfer also, einem Meister folgen, der Frieden, Gewaltfreiheit und Versöhnung predigt? Auch gibt es reichlich Fragen, die Anlass für weitere Spekulationen sein können: War der Verrat vielleicht gerade die Folge der Enttäuschung, dass Jesus nicht der von den Zeloten erwartete politische Messias war und keinerlei Anstalten machte, das Land von den Römern zu befreien? Aber warum hat Judas als Zelot dann nicht selbst zur Waffe gegriffen, sondern mit der verhassten priesterlichen Oberschicht in Jerusalem paktiert? Hat er geglaubt, dass Jesus, wenn er in die Enge getrieben würde, den entscheidenden Schritt zum militärischen Widerstand tun würde? Oder hat er mit dem Verrat gar einen Befehl ausgeführt, der von Jesus selbst stammte? Nach mehr als 2000 Jahren lässt sich auf diese Fragen nur noch mit Mutmaßungen antworten. Die Katholische Kirche jedenfalls hat 1547 beim Konzil von Trient in aller Form und Feierlichkeit beschlossen, dass Judas nichts anderes als ein Verräter war und ihm kein Mitverdienst am Erlösungshandeln Jesu zukommt.

Diese Entscheidung steht durchaus in der Tradition des Matthäusevangeliums, das für den Verräter Judas auch den – für das damalige Verständnis – schändlichsten Tod vorgesehen hatte: den einsamen Tod eines Mannes, der die Last seiner Handlung nicht mehr ertragen kann und seinem Leben selbst ein Ende setzt. Judas soll sich also erhängt haben (Mt 27,5), weshalb er in der christlichen Kunst gerne als Selbstmörder dargestellt wurde, mit einem Strick um den Hals an einem nicht näher definierten Baum hängend, am Boden oft der Sack mit den dreißig Silberlingen. Damit schienen alle Fragen geklärt. Übersehen wurde aber, dass in der Bibel weder von einem Henkersknoten noch vom Ast eines Baumes die Rede ist. Und wenn man genau nachliest, lässt sich nicht einmal die Frage, ob sich Judas erhängt hat, eindeutig beantworten.

In der Apostelgeschichte begegnen wir überhaupt einer anderen Version seines Todes. Zu Beginn der Erzählung wird davon berichtet, dass die Jünger und Jüngerinnen nach der Auferstehung ein Ersatzmitglied für den verstorbenen Judas wählen mussten. Unmittelbar vor dieser bedeutsamen Wahl stand Petrus auf, ergriff das Wort und hielt eine leidenschaftliche Ansprache, bei der es sich im Wortlaut der Apostelgeschichte wohl eher – davon geht die moderne Bibelwissenschaft aus – um eine fiktive Rede handeln dürfte. Folgt man jedoch dem biblischen Text, teilte Petrus den rund 120 anwesenden Männern und Frauen mit, wie es Judas ergangen sei, den er als Anführer jener Leute bezeichnet, die Jesus gefangen genommen haben. Zunächst habe er sich ein Grundstück gekauft. Dort »stürzte er vornüber zu Boden, sein Leib ist dabei entzwei auseinandergeborsten und alle Eingeweide sind herausgeschüttet worden« (Apg 1,18). Keine Rede also von Selbstmord oder von Erhängen.

Im Laufe der Zeit wurden verschiedene Versuche unternommen, die Widersprüche zwischen den beiden Varianten in Einklang zu bringen oder zumindest zu glätten. Die am weitesten verbreitete Theorie sieht Judas an einem Olivenbaum baumeln, der wiederum am Rand eines Steinbruches oder an einem natürlichen Abgrund außerhalb der Jerusalemer Mauer gestanden haben soll. Durch die Totenstarre oder da Judas im Todeskampf ruckartige Bewegungen gemacht haben könnte, musste sich der Strick gelöst haben bzw. zerrissen sein, woraufhin der Tote kopfüber gestürzt sei und sich den Abhang hinunterrollend an scharfen Steinen den Bauch aufgeschlitzt habe. Dank dieser Rekonstruktion konnte man sogar das Herausquellen der Gedärme erklären und alle Probleme schienen sich in Wohlgefallen aufzulösen. Fast alle Probleme, so müsste es eigentlich heißen, denn das Erhängen mit einem Strick war in der Antike eine absolut ungewöhnliche Todesart. Eine bekannte Praxis war es dagegen, sich mit gestrecktem Hals nach vorne auf eine Astgabel fallen zu lassen und auf diese Weise einen Genickbruch herbeizuführen. Ein Sturz vom Baum samt einem Aufreißen der Bauchdecke wäre bei einer solchen Suizidmethode durchaus realistische Folgen gewesen.

Vielleicht gehen diese Erklärungsversuche aber auch in eine ganz falsche Richtung. Denn wenngleich Judas im Lauf der Kirchengeschichte immer mehr zum Bösewicht stilisiert werden sollte, wurde er gerade in den Anfangstagen der Jesus-Bewegung von vielen nicht als Verräter, sondern als eine Art Held gesehen, denn er hatte Jesus ja gewissermaßen zu seinem Tod am Kreuz und damit zur Auferstehung verholfen. Auch manche Jünger dürften diese Sichtweise geteilt haben und insofern ist es durchaus denkbar, dass Judas in der neuen Gemeinschaft sehr angesehen war bzw. eine besonders wichtige Funktion innehatte. Es ist gut möglich, dass einige ihn für den richtigen Mann hielten, innerhalb der noch führerlosen frühchristlichen Gemeinschaft die Weichen zu stellen, hatte er doch kurz zuvor für Jesus die maßgebliche, alles verändernde Entscheidung getroffen. Dass der Hinweis auf den aufgeschlitzten Bauch, der eigentlich einen gewaltsamen Tod durch Fremdverschulden nahelegt, ausgerechnet von Petrus kommt, könnte auf einen Streit zwischen ihm und Judas hindeuten (→ S. 168-172).

Denn auch Petrus stellte den Anspruch, der Anführer der ersten Christen zu sein. Es ist also nicht ganz abwegig anzunehmen, dass es zwischen den beiden Alpha-Typen Spannungen und Streitigkeiten gegeben hat. Möglicherweise ist ein solcher Streit, bei dem es darum ging, wem die Vormachtstellung in der Nachfolge Jesu zukommen solle, eskaliert. Möglicherweise endete er für einen der beiden Männer tödlich. Wir werden es nie herausfinden. Was wir von Petrus jedoch wissen, ist, dass er bei der Gefangennahme seines Meisters eine Waffe trug und nicht davor zurückscheute, diese Waffe zu benutzen. Jesus selbst musste eingreifen, um die von Petrus ausgehende Gewalt zu beenden und den verletzten Knecht des Hohepriesters Malchus zu schützen (Joh 18,10). Natürlich ist diese Episode später literarisch zu einer Wunderheilung ausgeschmückt worden. Sie sagt aber einiges über die Bereitschaft des Petrus aus, in einer Konfliktsituation von Waffen Gebrauch zu machen. Insofern könnte Judas auch durch die Hand seines Kameraden – und letztlich Konkurrenten – Petrus – und nicht durch die eigene Hand gestorben sein.

* * *

Judas spielt am Tag der Verhaftung Jesu eine heute nicht mehr eindeutig rekonstruierbare Rolle. Fest steht aber, dass er in einer Situation, in der alle anderen davonliefen, aktiv gestaltend dabei war. Fest steht auch, dass das Judasbild der Tradition, das gerade in seinen antisemitischen Ausformungen verheerende Folgen gehabt hat, schlicht und einfach nicht historisch ist, sondern die Folge einer literarischen Entwicklung, die Judas immer mehr zum Bösewicht par excellence herabwürdigte. Ob es sich bei diesem Judas um eine historische Persönlichkeit gehandelt hat, oder ob er das Produkt der literarischen Fantasie der ersten Autoren der Jesus-Biographien ist, lässt sich nicht mit einem klaren Ja oder Nein beantworten.

Dass es für seinen Charakter aber zumindest eine historische Person als Vorbild gegeben haben muss, lässt sich gut argumentieren. Denn erstens liegt keine alttestamentliche Prophezeiung vor, die es hätte sinnvoll erscheinen lassen, in die literarische Komposition der Evangelien einen Verräter aus dem engsten Jüngerkreis einzufügen. Zweitens sprechen gerade die Sperrigkeit der Figur und die vielen offenen Fragen dagegen, dass Judas bloße Fiktion sein könnte. In dem Fall nämlich hätten die Autoren der Texte, allesamt Mitglieder der damaligen Bildungselite, wohl einen eindeutigeren Verräter in ihre Erzählungen integrieren können. Und sie hätten einen Verlauf der Geschichte gewählt, der keine theologischen Probleme zur Frage der Allwissenheit Jesu bzw. zu seinem alleinigen Heilshandeln aufgeworfen hätte. Judas könnte also durchaus real existiert haben. Er wird in diesem Fall ein Jünger Jesu gewesen sein und hat sich – unabhängig davon, welche Interpretation wir heute wählen – in der Nacht der Festnahme sicherlich den Oscar für den besten Nebendarsteller verdient.

3.

Kajaphas, sein Schwiegervater Hannas und das Synedrion

Am 13. Dezember 1991 berichtete die Wochenzeitung *Jerusalem Report* von einem sensationellen Zufallsfund im Jerusalemer Vorort Talpiot. Dort hatten zwei Bauarbeiter, die mit der Einrichtung des *Hashalom Forest* (Friedenswald), einer Parkanlage an der Straße nach Bethlehem, beschäftigt waren, bereits ein Jahr zuvor eine Familiengrabstätte entdeckt. Die alles in allem recht bescheidene, aus einer zentralen Grabkammer mit vier Stollen bestehende Anlage war offenbar in früheren Zeiten bereits geöffnet und zum Teil verwüstet worden. Nun, gegen Ende der durch den Fund angestoßenen Ausgrabung bzw. Auswertung, war man auf mehrere steinerne Knochenkästen, sogenannte Ossuare, aus dem ersten nachchristlichen Jahrhundert gestoßen. Diese hatten kunstvoll verzierte Längsseiten mit aramäischen Inschriften. Eine davon erklärte, dass hier die Gebeine eines YHWSP BR QP' bzw. YHWSP BR QWYP ruhten: des *Josef, Sohn des Kajaphas*. Natürlich lässt die Aufschrift auch andere Interpretationen zu. Sie wurde daher von Philologen heftig diskutiert. Dennoch war die Tatsache, dass die Knochen aus diesem Grab von einem etwa sechzig Jahre alten Mann stammen könnten, der vielleicht den Namen Josef Kajaphas getragen und im ersten Jahrhundert gelebt hatte, bemerkenswert. Denn ausgerechnet ein Josef Kajaphas war in der Zeit, als Jesus getötet wurde, Hohepriester von Jerusalem. Darin sind sich nicht nur die Evangelien, sondern auch der jüdische Historiker Josephus Flavius einig.

Von der jüdischen Justiz

In der damaligen Zeit war in Judäa klar geregelt, wer die Todesstrafe verhängen durfte: der römische Präfekt. Diese Funktion bekleidete seit dem Jahr 26 n. Chr. ein gewisser Pilatus aus der Familie der Pontii (→ S. 55-58). Pilatus dürfte zum Zeitpunkt der Verhaftung Jesu in Jerusalem gewesen sein, um die Passahfeierlichkeiten besser überwachen zu können. Allerdings konnte man den Präfekten selbstverständlich nicht mitten in der Nacht belästigen, weshalb Jesus nach der Gefangennahme bis zum Morgen in Gewahrsam genommen werden musste. Und tatsächlich stimmen in diesem Punkt alle Evangelien überein. Was den genauen Ablauf der Ereignisse des Tages nach der nächtlichen Verhaftung betrifft, bestehen jedoch massive Unterschiede.

Während das Markus- und das Matthäusevangelium von zwei Verhören mit Prozesscharakter berichten – das erste gleich nach der Gefangennahme in der Nacht, das zweite in der Früh, bevor Jesus zu Pilatus gebracht wird –, kennt das Lukasevangelium nur eine Befragung am frühen Morgen. Das Ziel der Verhöre ist aber immerhin das gleiche: Man wollte Beweise sammeln, um eine klare Anklage gegen Jesus zu formulieren, die von der römischen Autorität akzeptiert und bestätigt werden würde. Uneinheitlich sind die drei synoptischen Evangelien jedoch, wenn es darum geht, die Akteure zu benennen, die die Anklage gegen Jesus vorantreiben. Im Markus- und Matthäusevangelium treffen der Hohepriester und das Synedrion, das oberste juristische Entscheidungsgremium der damaligen jüdischen Gesellschafft, ein zunächst vorläufiges Todesurteil. Im

Lukasevangelium wird das Synedrion nur beiläufig erwähnt: Es beschließt, dass Jesus an Pilatus überstellt werden soll. Durch die Schilderungen von Misshandlung und Verspottung sowie durch die Einfügung der Verleugnung Jesu durch Petrus wird die Erzählung literarisch angereichert bzw. verkompliziert.

Das Johannesevangelium hingegen geht eigene Wege: Noch in der Nacht finden zwei Befragungen statt, die von zwei verschiedenen Hohepriestern – Hannas und Kajaphas – durchgeführt werden. Auch hier sind Misshandlungen und Verleugnung Teil der Erzählung, die allerdings mit der Übergabe an Pilatus endet, ohne dass die jüdische Obrigkeit eine offizielle Entscheidung getroffen hätte. Die Differenzen sind derart eklatant, dass es nicht sinnvoll erscheint, eine Harmonisierung zu versuchen (→ S. 87-90).

Wie aber lassen sich diese Differenzen erklären? Am überzeugendsten damit, dass den Autoren der Evangelien mehrere, einander widersprechende Quellen zur Verfügung gestanden haben. Außerdem hatten die Verfasser in erster Linie theologische und apologetische Anliegen, d.h. die Texte sollten dazu dienen, den Glauben der jungen Gemeinschaft verständlich zu machen und zu verteidigen. In zweiter Linie dürften sie aber nichtsdestoweniger von dem historischen Interesse geleitet gewesen sein, das Geschehene zu rekonstruieren. Diesen historischen Kern hinter den verschiedenen theologischen Narrativen finden wir möglicherweise in der Gestalt des Kajaphas. Denn wenngleich er im Kontext der Passionsgeschichte nur vom Matthäus- und Johannesevangelium explizit genannt wird, kommen sein Name und seine Funktion als Hohepriester – an anderen Stellen – auch im Lukasevangelium vor.

Das Synedrion in Jerusalem

Das Synedrion, das in den gängigen deutschen Bibelausgaben gerne als *Hoher Rat* bezeichnet wird, regelte in der damaligen Zeit sowohl die weltlichen als auch die geistlichen Angelegenheiten der jüdischen Bevölkerung. In der gegenwärtigen Forschung wird seine Funktion ausführlich diskutiert. Denn tatsächlich lassen sich aus der rabbinischen Literatur, in der der Talmud den Aufgaben dieses Gremiums sogar einen ganzen Traktat widmet, aus dem Neuen Testament und den Schriften des Josephus einige hilfreiche Informationen gewinnen. Trotzdem wissen wir nicht mit Sicherheit, wie das Synedrion zur Zeit Jesu in der Praxis tatsächlich funktioniert hat. Sehr wahrscheinlich war es eine Regierungsbehörde, zugleich aber auch ein Tribunal, also ein Gericht, mit mehreren Instanzen. Außerdem fungierte das Synedrion als eine Art Parlament und Wirtschaftsverwaltung und war obendrein für Fragen zur richtigen Ausübung der Religion zuständig.

Eine verbindlich definierte Struktur hat das Synedrion wohl erst in den ersten Jahrzehnten des ersten nachchristlichen Jahrhunderts erhalten. Ob und in welcher Funktionsweise es diese bereits gab, als Jesus lebte, ist allerdings unsicher. Der Rat, dessen Mitgliederzahl später auf siebzig Männer festgelegt wurde, bestand jedenfalls von Beginn an aus drei Gruppierungen, die allesamt der Jerusalemer Aristokratie entstammten: Hohepriester, Älteste und Schriftgelehrte. Hohepriester und Älteste gehörten der priesterlichen Gruppe der Sadduzäer an und stammten aus einer der 24 Priesterfamilien, die traditionell für jeweils zwei Wochen im Jahr am Jerusalemer Tempel ihren Dienst verrichteten. Als Schriftgelehrte dagegen kamen auch Pharisäer oder wohlhabende Bürger in Frage.

Wenngleich die hier genannten Personen(gruppen) in den neutestamentlichen Passionserzählungen vorkommen – Kajaphas und Hannas waren Hohepriester, Josef von Arimathäa war einer der Ältesten und Nikodemus vermutlich ein Schriftgelehrter (in Joh 3,10 wird er als *Lehrer Israels* bezeichnet) (→ S. 150-154) –, besteht in der internationalen Forschungsgemeinschaft dahingehend ein Konsens, dass die institutionelle Gestalt dieses Gremiums im ersten Jahrhundert n. Chr. noch unfertig war, dass keine regelmäßigen offiziellen Sitzungen stattfanden noch gegenüber den römischen Herrschern eine Entscheidungsgewalt bestand. Vielmehr sollte man sich das Synedrion als eine mehr oder weniger lose Gruppe von einflussreichen Männern vorstellen, die je nach aktuellem Anlass vom amtierenden Hohepriester zusammengerufen werden konnte und dann als Beratungsgremium agierte.

Archäologische Untersuchungen haben auch nicht restlos klären können, wo die Treffen des Synedrions stattgefunden haben. Bei den drei Orten, die infrage kommen, handelt es sich einmal um die Quaderhalle im südwestlichen Flügel des Tempels, die etwa 200 Meter entfernte Kaufhalle im südlichen Säulengang des Tempelkomplexes oder die Ratshalle, die außerhalb des Tempelbezirkes im Tyropoiontal gelegen war.

Aber auch ganz unabhängig von den Erkenntnissen der modernen Forschung müssen die Schilderungen des Matthäus-, Markus- und Lukasevangeliums als unwahrscheinlich gelten. Denn in der Nacht, in der Jesus gefangen genommen wird, begehen die Juden überall auf der Welt das größte Fest des Jahres, das Passah, bei dem der Befreiung aus Ägypten gedacht wird (→ S. 21-24). Insofern ist es kaum vorstellbar, dass die Mitglieder des Synedrions, die beinahe alle Priester und auf jeden Fall gläubige Juden waren, am höchsten aller Feiertag etwas getan haben sollen, das ihnen das biblische Gesetz ausdrücklich verbot: eine Versammlung abhalten, um einen Menschen zum Tod zu verurteilen. Mehr noch: Es lässt sich nicht nachvollziehen, warum diese Männer nicht zu Hause bei ihren Familien gewesen sein und mit ihnen gemeinsam gefeiert haben sollten. Natürlich kennen wir von der jüdischen Rechtsprechung der damaligen Zeit nur wenig Konkretes. Die Episoden, die im Haus des Kajaphas bzw. am Versammlungsort des Synedrions spielen, stehen allerdings in einem klaren Kontrast zu allem, was im jüdischen Gesetz, der Torah, über diese Einrichtung gesagt wird.

Kajaphas, sein Haus und die Anklage

Der Vorsitzende des Synedrions jedenfalls war der amtierende Hohepriester. In früheren Zeiten handelte es sich bei ihm um den geistlichen Führer aller Juden, die nach der Zerstörung Jerusalems durch die Babylonier im Jahr 587 v. Chr. in der ganzen damals bekannten Welt zerstreut waren. Unter der römischen Fremdherrschaft war der Hohepriester dann primär als Vertreter der Juden von Judäa, Idumäa und Samarien tätig. Und da es keine offizielle politische Vertretung der Juden gegenüber Rom gab, hatte er in gewisser Weise auch diese Aufgabe inne. Bis zur Machtergreifung durch Herodes (37 v. Chr.) bzw. der direkten Kontrolle Judäas durch die Römer (6 n. Chr.) wurde das Amt vom Vater an den Sohn weitergegeben und konnte nur von Mitgliedern bestimmter Priesterfamilien ausgeübt werden.

Dann jedoch wurde es käuflich und vor allem vom Wohlwollen des jeweiligen römischen Statthalters abhängig. Augenfällig wird dies auch dadurch, dass die Insignien des Amtes (Brustschild, Kopfbund und Gurte) und das Prachtornat (Efod), mit dem der amtierende Hohepriester bei den Tempelritualen bekleidet war, von den Römern auf der Burg Antonia am Nordrand des Tempelbezirkes unter Verschluss gehalten und den Juden ausschließlich an den hohen Feiertagen ausgehändigt wurden.

Als Jesus gefangen genommen wurde, hatte ein gewisser Josef Kajaphas das Amt des Hohepriesters inne, nachdem er Jahre zuvor in eine sehr mächtige Adelsfamilie eingeheiratet hatte. Sein Schwiegervater, der in der Passionsgeschichte des Lukas- und Johannesevangeliums ebenfalls eine wichtige Rolle spielt, war der ehemalige Hohepriester Ananos, der im Neuen Testament Hannas genannt wird. Im Johannesevangelium wird Hannas gar als derjenige eingeführt, der Jesus als Erster verhört. Im Lukasevangelium wird ihm durchgehend die Rolle des Hohepriesters zugesprochen. Tatsächlich hatte er zwischen 6 und 16 n. Chr. das Amt ausgeübt, bevor ihm fünf seiner Söhne – Eleazar, Jonathan, Theophilos, Matthias und Ananos –

sowie sein Schwiegersohn Kajaphas im Amt nachfolgen sollten.

Kajaphas selbst regierte 19 Jahre lang als Hohepriester und damit länger als jeder der 27 anderen Männer, die diese Position von der Machtübernahme des Herodes bis zur Zerstörung des Tempels 70 n. Chr. bekleideten. Er war vom römischen Präfekten Valerius Gratus 18 n. Chr. eingesetzt worden. Dessen Nachfolger Pontius Pilatus verzichtete darauf, das Amt neu zu vergeben. Insgesamt zehn Jahre lang, von 26 bis 36 n. Chr., arbeiteten Pilatus und Kajaphas, der als enger Vertrauter des römischen Verwalters galt, zusammen. Dass Kajaphas, kurz nachdem Pilatus abgesetzt wurde, seinerseits sein Amt verlor, war also bestimmt kein Zufall. Dazu passt, dass sich Vitellius, der römische Legat von Syrien, der Kajaphas' Absetzung betrieben hatte, nicht einmal die Mühe machte, einen Grund für seine Entscheidung anzugeben.

Die Evangelien beschreiben Kajaphas als einen Realpolitiker mit einer durch und durch pragmatischen Einstellung. Das Johannesevangelium legt ihm den Ausspruch »Es ist besser, wenn ein einziger Mensch für das Volk stirbt, als wenn das ganze Volk zugrunde geht« (Joh 18,14) in den Mund. Ein Satz, der je nachdem, ob man den Hohepriester wohlwollend oder kritisch sieht, die Haltung eines verantwortungsbewussten Politikers oder aber blanken Zynismus zum Ausdruck bringt.

Dass es zur Lebenszeit Jesu eine historische Persönlichkeit namens Joseph Kajaphas gegeben hat, steht also – nicht zuletzt dank des Fundes des Familiengrabes bei Talpiot – außer Frage. Dass ein Joseph Kajaphas bis zum Jahre 36 amtierender Hohepriester war und somit in einer Verbindung zum Tod Jesu steht, ist ebenfalls unbestritten. Und dass es sich dabei schließlich um ein- und dieselbe Person gehandelt hat, ist zumindest möglich.

Welche Verbindung haben nun der Hohepriester Josef Kajaphas und Jesus genau? Welche Momente der Begegnung zwischen beiden, die die Evangelien schildern, sind sowohl aus historischer als auch aus theologischer Perspektive relevant? Und wie verhält sich die jüdische Autorität Jesus gegenüber mit welcher Begründung?

Die Evangelien berichten übereinstimmend, dass Jesus im Haus des Hohepriesters verhört worden ist. Dieses befand sich sehr wahrscheinlich in der Oberstadt, im nordwestlichen Viertel Jerusalems in der Nähe des Herodes-Palasts. Als am Beginn der 1970er-Jahre die Verantwortlichen des armenischen Klosters in der heutigen Altstadt von Jerusalem erstmals Ausgrabungen zuließen, legte der 2020 verstorbene israelische Archäologe Magen Broshi in dieser Gegend ein dicht besiedeltes Areal frei. Die Häuser waren zwei oder gar drei Stockwerke hoch und luxuriös mit Fresken und Mosaiken ausgestattet. Broshi entdeckte außerdem Badeanlagen und Säulenhallen, einen eindeutigen Beleg für das Haus des Kajaphas fand er jedoch nicht. Dennoch geht man heute davon aus, dass Kajaphas und sein Schwiegervater in diesem Viertel gewohnt haben und nicht in der Nähe der weiter südlich gelegenen Kirche St. Peter in Gallicantu, wie es eine heute noch verbreitete Tradition aus dem 8. Jahrhundert behauptet.

Wenn diese Lokalisierung zutrifft, musste Jesus nach der Gefangennahme im Garten auf dem Getsemani (etwa 690 m) bis zum heutigen Zionsberg (etwa 780 m) etwa drei Kilometer zurücklegen. Dabei führten ihn die Soldaten der Tempelwache zunächst ins Kidrontal hinunter (630 m) und dann steil bergauf bis zum Ophel außerhalb der Mauer, die das Tempelareal im Süden begrenzt (700 m) Von da musste er wieder ins Zentraltal absteigen (650 m), eine Weile der leicht ansteigenden Hauptstraße nach Norden folgen, um dann nach links abzubiegen und eine der vielen steilen Treppen zu den Palästen der Oberstadt (780 m) zu nehmen. Somit dürfte Jesus nach seiner Gefangennahme einen Fußmarsch von 30 bis 40 Minuten Länge und etwa 200 Meter Höhenunterschied bewältigt haben, bis er gegen Mitternacht im Palast des Kajaphas dem Hohepriester sowie einigen Ältesten und Schriftgelehrten gegenüberstand.

Ob es dann ein nächtliches – mit dem jüdischen Gesetz eigentlich unvereinbares – Verhör gegeben hat oder ob die Zusammenkunft des beratenden Gremiums, was um einiges stimmiger wäre, erst am frühen Morgen stattfand, ist nicht mehr auszumachen. Fest steht jedoch, dass es sich um kein reguläres Gerichtsverfahren handelte, sondern vermutlich um eine Art Voruntersuchung, die sehr theatralisch endete, nämlich damit, dass der Hohepriester sein Gewand zerriss und Jesus wegen Blasphemie und Gotteslästerung für todeswürdig erklärte.

Dass es an dieser Stelle angesichts der offenbar hochkochenden Emotionen nicht zur Steinigung und damit zur Lynchjustiz kam, ist verwunderlich. Die Evangelien kennen solche Vorkommnisse ja durchaus. Man denke nur an die von Jesus verhinderte Steinigung der Ehebrecherin oder an den Bericht der Apostelgeschichte von der Steinigung des Stephanus. Und auch Paulus entgeht nur knapp einem Lynchmob. Schließlich hält auch Josephus fest, dass derartige Vorkommnisse nicht ungewöhnlich waren: »Wer Gott gelästert hat, soll gesteinigt werden, einen Tag aufgehängt und dann ehrlos und schimpflich begraben werden«, schreibt er (*Antiquitates* 4 8,6). Warum der eines religiösen Vergehens bezichtigte Jude Jesus dagegen von einem Römer zum Tod verurteilt werden musste bzw. wurde, bleibt vor diesem Hintergrund sowohl in der Logik der jüdischen als auch der römischen Rechtsprechung (→ S. 62-65) ein Rätsel.

* * *

In der Zeit zwischen Verhaftung und Auslieferung an Pilatus erzählen alle vier Evangelien von der Verspottung und Misshandlung Jesu. Einerseits verfolgen sie damit eine klare theologische Absicht, wollen sie Jesus doch als den leidenden Gottesknecht inszenieren, wie ihn der Prophet Jesaja beschreibt. Andererseits ist die Historizität eines derartigen brutalen Umgangs mit Gefangenen auch in den Schriften des Josephus belegt. Er beschreibt beispielsweise, dass der Bauer Jesus ben Ananos auf Befehl von Jerusalemer Adeligen gefangen genommen und geschlagen wurde, wobei dieses Schlagen nicht näher präzisiert wird.

Uneinheitlich sind innerhalb der Evangelien die Angaben über die Akteure. Dass Wachsoldaten und Dienerschaft – wie es im Lukas- und Johannesevangelium heißt – anwesend waren, scheint vor allem angesichts des wichtigen Festtages wahrscheinlicher als die Vorstellung von einem versammelten Gremium gewaltbereiter Ratsmitglieder, wie es im Markus- und Matthäusevangelium überliefert wird. Trotz all dieser Schwierigkeiten in der Rekonstruktion wissen wir, dass die Leidensgeschichte Jesu in der Konfrontation mit den jüdischen Autoritäten begonnen hat. Befreit man die Schilderungen der Evangelien von ihren theologisch motivierten Ausschmückungen und dem Rekurs auf alttestamentliche Traditionen, bleiben außerdem einzelne Elemente erhalten, die glaubwürdige historische Bausteine sein können: Die Gestalt des Joseph Kajaphas ist einer davon.

4.

Pontius Pilatus, der Präfekt von Judäa

Begibt man sich auf eine Spurensuche nach den historisch belegten Persönlichkeiten, denen Jesus in seinen letzten Stunden begegnet ist, wird man sowohl in den Evangelien wie im sogenannten Apostolischen Glaubensbekenntnis schnell fündig. Im christlichen Credo, das bereits im 4. Jahrhundert verbindlich festgeschrieben wurde, heißt es, Jesus habe *unter Pontius Pilatus gelitten*. Der Name des römischen Befehlshabers von Judäa wurde von der jungen christlichen Gemeinde also von Anfang an mit Leid, Kreuzigung, Tod und Grablegung Jesu verbunden. Mit der Zeit allerdings kamen antijüdische Strömungen auf, die das Ziel hatten, die frühe christliche Kirche von der jüdischen Synagoge zu trennen, und die dazu geführt haben, dass die Verantwortung für den Tod Jesu mehr und mehr von Pontius Pilatus auf die Juden verschoben wurde.

Aus heutiger Sicht müssen wir zwar konstatieren, dass sich der Prozess Jesu, sofern überhaupt ein solcher stattgefunden hat, kaum mehr rekonstruieren lässt, die Frage nach der Verantwortung für seine Hinrichtung ist aber dennoch einfach zu beantworten. Die jüdische Obrigkeit oder zumindest ein gewichtiger Teil derselben wollte Jesus zwar beseitigen, hatte aber damals nicht die politische Macht, ein Todesurteil auszusprechen. Das jüdische Volk seinerseits hätte höchstens als Mob agieren und eine Art Lynchjustiz ausüben können, was jedoch offensichtlich nicht geschehen ist. Daher kann die Schuld für das Urteil, das Jesus schließlich den Tod gebracht hat, wohl nur dem einen Menschen zukommen, der die Vollmacht hatte, eine solche Strafe zu verhängen: Pontius Pilatus.

Pilatus in außerbiblischen Quellen

Die äußerst spärlichen außerbiblischen Informationen über Pilatus beschreiben ihn als einen Mann aus der Gegend der Stadt Benevento, einer römischen Kolonie auf dem mittelitalienischen Apennin. Josephus Flavius, Philo und Tacitus überliefern außerdem, dass er aus der ritterlichen Familie der Pontii stammte. Alle drei äußern sich sehr abwertend über den damaligen Präfekten von Judäa. Sie beschreiben ihn als korrupten und machtbesessenen Politiker, und Philo meint gar, Judäa sei unter seiner Herrschaft zu einem Land verkommen, in dem »Korruption, Misshandlungen, Räubereien, Unterdrückung, Demütigungen, ständige Hinrichtungen ohne Gerichtsverfahren und unermessliche, unerträgliche Brutalität herrschten«.

Josephus schreibt, Pilatus sei kein guter Statthalter gewesen und habe nur wenig von den sozialen und religiösen Problemen des Landes, das man ihm anvertraut hatte, verstanden. Schließlich habe er seinen Posten als Präfekt im Jahr 26 n. Chr. nur erhalten, weil er ein Freund des Lucius Aelius Seianus gewesen sei, der damals als Präfekt des Praetoriums in Rom amtierte und damit der höchste Verwaltungsbeamte des römischen Reiches unter Kaiser Tiberius war. Und da Seianus die Juden hasste, habe Pilatus jede Gelegenheit genutzt, sich durch Grausamkeit und blutige Repressionen bei seinem mächtigen Förderer beliebt zu machen.

Die Quellen belegen allerdings auch, dass Pilatus seine Leitungsfunktion in dieser äußerst schwierigen Provinz zehn Jahre lang innehatte, und zwar fünf Jahre über den Tod des Seianus hinaus. Das passt weniger gut in das Bild eines ganz und gar unfähigen und korrupten Handlangers. Die meisten Statthalter vor und nach ihm nämlich konnten sich in Judäa, dessen Bewohner – laut Josephus – »als ein seinem Charakter nach schwer zu regierendes und zum Ungehorsam gegen seine Herrscher geneigtes Volk« galten, gerade einmal zwei oder drei Jahre an der Macht halten. Zumindest nach römischen Maßstäben dürfte Pilatus also sehr wohl ein tüchtiger Politiker und geschickter Diplomat gewesen sein.

Dass es sich bei Pontius Pilatus um eine historische Persönlichkeit handelt, kann übrigens erst seit dem Jahr 1961, als italienische Archäologen bei Instandhaltungsarbeiten am römischen Theater in Cäsarea zufällig einen Stein mit einer Inschrift fanden, als gesichert gelten. Bei diesem Stein, der in seiner Zweitverwendung offensichtlich zweckentfremdet worden war und als Stufe einer Rampe des Theaters diente, handelt es sich um einen 82 x 68 x 28 Zentimeter großen Kalksteinblock. Obwohl man ihn beim Bau des Theaters – wohl damit er für seine neue Aufgabe als Stufe taugte – mit Hammerschlägen bearbeitet und damit beschädigt hatte, lassen sich nach wie vor einige auf vier Zeilen angeordnete Buchstaben erkennen. Zwar ist die exakte Rekonstruktion des Textes immer noch Gegenstand von wissenschaftlichen Auseinandersetzungen, mit Sicherheit umfasst die Inschrift aber folgende Worte: »TIBERIEUM / (PON)TIUS PILATUS / (PRAE)FECTUS IUDA(EAE)«. Der gegenwärtig im Israel-Museum von Jerusalem ausgestellte Stein ist also eine Weiheinschrift, die Pilatus zu Ehren des Tiberius an einem Gebäude – möglicherweise einem Tempel – hatte anbringen lassen.

Der Umstand, dass er in Cäsarea gefunden wurde, macht den Fund noch wertvoller. Denn dort residierten zwischen 6 und 66 n. Chr. die römischen Statthalter von Judäa. Die Siedlung war ursprünglich ein schon von den Phöniziern genutzter Hafen und erlebte unter Herodes dem Großen einen Aufschwung. Herodes hatte nämlich in den Jahren 22 bis 10 v. Chr. ein Theater, ein Hippodrom und eine neue Badeanlage errichten lassen und der Stadt zu Ehren von Kaiser Augustus den Namen Cäsarea, also *Stadt des Kaisers*, gegeben. Der Stein mit dem Namen Pilatus ist also nicht nur der archäologische Beleg dafür, dass Pilatus gelebt hat, sondern vor allem auch dafür, dass er als Präfekt in Judäa residiert hat. Was nun seine Beteiligung am Tod Jesu betrifft, liegt nur eine einzige außerbiblische Quelle vor, das sogenannte *Testimonium Flavianum* – ein Text aus dem 18. Buch der Jüdischen Altertümer des Josephus Flavius –, das besagt, dass Pilatus und Jesus miteinander zu tun hatten.

Allerdings wird es sich bei der betreffenden Passage um eine (äußerst gelungene, wenngleich leicht erkennbare) Fälschung handeln. Im Originaltext ist die Rede davon, dass Pontius Pilatus seine Position als Stadthalter in Judäa antritt und sich bald darauf als Judenhasser entpuppt. Er lässt in Jerusalem nämlich römische Feldzeichen anbringen, was die Juden als Beleidigung empfinden mussten. Auch baut er ein Aquädukt – was an sich positiv wäre –, plündert dafür aber den Tempelschatz. Schließlich richtet er unter rebellierenden Samaritanern ein Blutbad an, was ihn seinen Posten kosten sollte, denn die Überlebenden legen beim Kaiser Beschwerde ein und der setzt Pilatus ab. Zwischen diesen zuverlässigen Schilderungen findet sich eine Notiz über Jesus, die ihn mit Pilatus in Verbindung bringt. Es heißt: »Pilatus verurteilte ihn (Jesus) auf Betreiben der Vornehmen unseres Volkes zum Kreuzestod ...« Da der Satz aber ganz unverbunden im Kontext des Textes steht und somit keinen Sinn ergibt, geht die moderne Forschung davon aus, dass es sich hier um eine spätere Hinzufügung handelt. Christliche Autoren haben offenbar Jahrhunderte, nachdem Josephus Flavius sein Werk abgeschlossen hatte, eine Ergänzung vorgenommen. Als das Christentum nämlich im römischen Reich bereits zur Staatsreligion geworden war, wollte man nicht hinnehmen, dass der bedeutende Historiker Flavius Josephus Tod und Auferstehung Jesu nicht erwähnt hatte.

Das biblische Bild des Pilatus

Während die außerbiblischen Quellen über eine mögliche Begegnung zwischen Pilatus und Jesus also schweigen, sind die Erzählungen der Evangelien umso detaillierter. Alle vier erzählen von einem Verhör bzw. sogar von einem Prozess vor Pilatus. Allerdings sind die Unterschiede beachtlich: So präsentiert das Matthäusevangelium eine andere Ereignisfolge als das ältere Markusevangelium, das Lukasevangelium lässt wichtige Elemente weg. Die längste Darstellung, die des Johannesevangeliums, scheint überhaupt eine ganz andere Geschichte erzählen zu wollen.

Die älteste Tradition hinsichtlich der Begegnung zwischen Jesus und Pilatus findet sich nach der allgemein anerkannten Meinung der Forschung im Markusevangelium. Sie wurde in den frühen 70er-Jahren des ersten Jahrhundes schriftlich fixiert, die mündliche Tradition dürfte allerdings deutlich älter sein. Jesus wird demnach an Pilatus ausgeliefert und von diesem auf Basis einer Anklage des Synedrions verhört. Es folgen die Barabbas-Szene, die Verurteilung und die Verspottung durch die römischen Soldaten, wobei eine Geißelung zwar befohlen, aber entweder nicht durchgeführt oder nicht erzählt wird. Das Matthäusevangelium erweitert diese Kernelemente mit dem Hinweis auf einen Traum der Frau des Pilatus sowie mit der – sogar sprichwörtlich gewordenen Szene, in der Pilatus sich nach der Verurteilung Jesu die Hände *in Unschuld* wäscht.

Das Lukasevangelium scheint eine andere Tradition zu kennen, denn es erzählt nicht von einer Verspottung Jesu durch die römischen Soldaten, dafür aber von einem zusätzlichen Verhör bei Herodes Antipas (→ S. 82-86) und einem zweiten Aufeinandertreffen von Jesus und Pilatus. Das Johannesevangelium seinerseits lehnt sich stark an das Lukasevangelium an, gestaltet die Erzählung aber deutlich kunstvoller, indem es nämlich die verschiedenen Motive in einem steten Perspektivenwechsel zwischen Innen- und Außenräumen anordnet. Es fügt außerdem sehr viel Material hinzu, das mehr der Entwicklung der eigenen Theologie als der Beschreibung historischer Tatsachen dient, wenngleich diese zum Teil sehr präzis dargestellt werden. Als einziges der vier Evangelien erzählt das Johannesevangelium schließlich davon, dass die vor einer Kreuzigung übliche Geißelung auch tatsächlich stattgefunden hat (Joh 19,1) (→ S. 99-101).

Auch wenn die vielen Differenzen eine Harmonisierung der vier Quellen unmöglich machen, sind einige

Aspekte doch so glaubwürdig, dass man ihnen durchaus einen historischen Charakter zugestehen kann. Die dramatische Szene vor Pilatus spielt sich zunächst einmal in den frühen Morgenstunden ab. In der Tat begannen die Amtsgeschäfte nach römischem Recht *prima luce*, also bei den ersten Sonnenstrahlen. Die möglicherweise nicht historische Notiz der Händewaschung, welche keine einzige Parallele oder Vorlage in der antiken Welt besitzt, könnte damit zu tun haben, dass einfache juristische Fälle, die keiner besonderen Aufmerksamkeit bedurften, dem Präfekten während seiner Morgentoilette vorgestellt wurden.

Pilatus befindet sich jedenfalls in seiner Jerusalemer Residenz, dem Praetorium. Wo der eigentliche Amtssitz des Präfekten war, kann man heute nicht mehr mit absoluter Sicherheit rekonstruieren. Dieses Wissen ging schon früh verloren. Als während der Kreuzritterzeit in Jerusalem die *via dolorosa*, also der Leidensweg, den Jesus nach seiner Verurteilung zur Kreuzigung bis in das Dunkel des Grabes hinein gegangen war, so angelegt wurde, wie die Vorstellung der Kreuzritter sich diesen Weg damals zurechtgelegt hatte, identifizierte man die Gebäude der damaligen Stadt mehr oder weniger zufällig mit den Orten, die in den Evangelien genannt wurden. So ist der bekannte *Ecce-Homo*-Bogen in der Jerusalemer Altstadt am Beginn des Kreuzweges beispielsweise nachweislich erst 135 n. Chr. errichtet worden und kann daher mit dem Palast des Pilatus nichts zu tun haben. Heute dagegen geht man in der Forschungsgemeinschaft davon aus, dass Pilatus im Herodes-Palast residierte. Dieser wurde um 20 v. Chr. am damals nordwestlichen Stadtrand erbaut und bot nicht nur Sicherheit, sondern auch Luxus und frische Luft, weit weg vom Gestank der Tempelanlage, in der auf der anderen Seite der Stadt Tiere in großer Zahl gemästet, geschlachtet und verbrannt wurden.

Während die Mitglieder des Synedrions ihre Anklage vortragen, ist Jesus wahrscheinlich noch nicht anwesend. Was genau sie Jesus vorgeworfen haben, weiß man heute nicht mehr so sicher, möglicherweise, dass er sich zum König gemacht habe. Ein solcher Anspruch war nach jüdischem Recht kein todeswürdiges Vergehen, für die Römer jedoch sah das anders aus: Für den Fall, dass das Auftreten Jesu zu einem Aufruhr führen sollte, hätten die Römer sehr wohl einen Grund gesehen, die Todesstrafe gegen den Anführer dieses Aufruhrs, den *König der Juden*, zu verhängen.

In einer zweiten Szene treffen Jesus und Pilatus dann aufeinander. Dabei dürften auch andere Menschen anwesend gewesen sein, wenigstens ein Dolmetscher war nötig, denn Pilatus und Jesus sprachen keine gemeinsame Sprache.

Glaubt man den Evangelien, spielt Pilatus zunächst mit dem Gedanken, Jesus frei zu lassen. Möglicherweise wollte er damit nicht so sehr seinem Gefangenen etwas Gutes tun, sondern den Vertretern des Synedrions, indem er ihren Wunsch abweist, seine Macht demonstrieren. Da es aber bekannt ist, dass sich Pilatus und der amtierende Hohepriester Kajaphas sehr gut verstanden haben, ist eine solche Deutung nicht besonders plausibel. Eher dürfte es sich hier um eine später hinzugefügte antijüdische Polemik handeln, durch die den Juden klar die Schuld am Tod Jesu zugewiesen werden soll. Das gilt umso mehr, als es keinerlei historische

Belege dafür gibt, dass es den Brauch, beim Passahfest einen Gefangenen freizulassen, tatsächlich gegeben hat (→ S. 72-74).

Auch die Begründung dafür, dass Pilatus dem Ansinnen des Synedrions nachgibt – die Mitglieder drohen ihm mit einer Anklage beim Kaiser – überzeugt nicht wirklich. Wie gefährlich eine derartige Anklage sein konnte, musste Pilatus zwar einige Jahre später durchaus erfahren. Doch dabei ging es um ein grausames Massaker mit Hunderten Opfern und nicht um eine – aus der römischen Perspektive – so unbedeutende Angelegenheit wie die Hinrichtung eines einzelnen jüdischen Rebellen. Auch die Vorstellung, dass Pilatus das Problem mit einer Volksbefragung lösen will, ist unglaubwürdig. Denn als offizieller Vertreter des Kaisers in einer entlegenen Ecke des römischen Reiches brauchte er keine Rechtfertigung für sein Handeln und war gewiss in keinster Weise gewillt, dem jüdischen Volk irgendeine Form von Entscheidungshoheit zu übertragen.

Ein Urteil in einem unglaubwürdigen Prozess

Das Johannesevangelium berichtet davon, dass Pilatus ein offizielles Urteil fällt, indem er seinen Platz auf dem römischen Richterstuhl einnimmt. Die im Johannesevangelium genannte *bêma* war – wie man heute von den vielen Abbildungen auf Münzen weiß – ein eleganter Schemel, der zusammengeklappt werden konnte und dort aufgestellt wurde, wo man ihn gerade brauchte. Der biblische Text bezieht sich also offenbar auf eine gängige römische Praxis. Ob sie im

Fall von Jesus aber tatsächlich zur Anwendung kam, ist damit noch nicht ausreichend belegt. Denn einen jüdischen Rebellen wie Jesus hätte im Grunde jeder römische Zenturio ans Kreuz schlagen lassen können. Die höchste römische Autorität im Land damit zu befassen war zwar natürlich möglich, der Aufwand für das Schicksal Jesu erscheint dennoch vor diesem Hintergrund eher übertrieben und ist möglicherweise eine spätere literarische Konstruktion. Auch bleibt offen, ob Pilatus – so er sich überhaupt persönlich mit Jesus befasst haben sollte – mit dem Akt der Übergabe des Gefangenen an die Soldaten einen offiziellen Prozess beendet oder lediglich einen Vollstreckungsbefehl formuliert hat.

Dieser letzte Akt findet jedenfalls nach dem Johannesevangelium auf dem *lithóstrotos* statt (Joh 19,13), was auf Griechisch nicht mehr und nicht weniger als *gepflasterter Platz* bedeutet. Und auch die hebräische Bezeichnung *gabbata*, die im Johannesevangelium gebraucht wird, hilft nicht dabei, eine präzisere Verortung vorzunehmen. Vor allem aber sind die Beschreibungen des Johannesevangeliums deutlich theologisch motiviert, insofern sie nämlich das klare Ziel verfolgen, die Vertreter des Judentums als Schuldige zu identifizieren. Nimmt man also an, dass eine Begegnung zwischen Pilatus und Jesus stattgefunden hat, bleibt zumindest eine wichtige Frage offen: Hat in Anwesenheit des Präfekten ein römischer Prozess stattgefunden oder hat Pilatus den Befehl zur Kreuzigung erteilt, ohne den offiziellen Rechtsweg zu beschreiten?

Im römischen Recht war es zwar erlaubt, dass Prätoren und Präfekten – wie andere Offiziere auch – gegen

Sklaven und Fremde, also gegen nicht-römische Bürger, wie Jesus einer war, die Todesstrafe verhängen durften, sofern eine entsprechende Anklage vorlag. Allerdings musste sich der als Richter amtierende Offizier, selbst wenn der Beschuldigte auf frischer Tat ertappt worden war, mit einem *consilium*, einem ad hoc zusammengesetzten Gremium, beraten und eventuell sogar einen Verteidiger auftreten lassen. Er konnte zwar auf Geschworene und auf Protokollanten verzichten, war ansonsten aber an das römische Recht gebunden.

Da alle vier Evangelien belegen, dass der Hohepriester und das Synedrion einen Beschluss gefasst und Jesus zu Pilatus geführt haben, können wir davon ausgehen, dass sowohl eine Anklage als auch ein Vorverhör stattgefunden haben. Auch wenn Pilatus eine Verurteilung ohne Geschworene und ohne Formpflicht durchführen durfte, hat er doch zumindest die Pflicht verletzt, ein beratendes Gremium einzuberufen und dem Angeklagten Verteidiger und Entlastungzeugen zuzugestehen. Laut römischer Prozessordnung mussten außerdem Urteile öffentlich verkündet und schriftlich festgehalten werden, was ebenfalls nicht passiert ist. Schließlich hat sich Jesus bei keiner der an ihn gestellten Fragen schuldig bekannt. Seine Antwort »Du sagst es« (Lk 23,3) auf die Frage des Pilatus, ob er der König der Juden sei, ist nämlich nicht als Schuldbekenntnis im rechtlichen Sinne zu werten, sondern lediglich als Bestätigung der Zusammenfassung der Anklage, die Pilatus gerade vorgetragen hat. Darin besteht in der Tat die erste Phase eines römischen Prozesses; für die Rekonstruktion einer (möglichen) Fortsetzung fehlen aus heutiger Sicht aber historisch zuverlässige Informationen.

Gut belegt ist dagegen, dass eine Todesstrafe durch Kreuzigung nur wegen Raub, Mord, Brandstiftung, Fahnenflucht und Aufruhr bzw. Anstiftung dazu verhängt wurde sowie wegen Hochverrat und Verbrechen gegen die römische Autorität. Im Fall von Jesus kommen nur die letzten zwei Anklagen infrage, wobei der ihm zum Vorwurf gemachte Königsanspruch an sich nicht automatisch als Hochverrat gegen den Kaiser gewertet werden musste. Das Schweigen Jesu, mit dem er wohl die Unhaltbarkeit der Anklage unterstreichen wollte, ist jedenfalls nicht als Majestätsbeleidigung zu interpretieren. Der Umstand, dass Pilatus ihn zunächst freilassen wollte, deutet auch darauf hin, dass er den stummen Protest seines Gefangenen sehr wohl richtig verstanden hat.

Josephus Flavius berichtet, dass zur Zeit des Präfekten Albinus (62-64 n. Chr.) die Bürger von Jerusalem einen gewissen Jesus ben Ananias, der die Zerstörung des Tempels prophezeite, verhafteten und schlugen. Dann brachten sie ihn zum Präfekten, damit er ihn hinrichten lasse. Als Albinus jedoch im Verhör zum Schluss kam, dass der Angeklagte wohl eher ein armer Wirrkopf als ein gefährlicher Verbrecher war, ließ er ihn lediglich verprügeln und anschließend frei. Ein solches Vorgehen wäre auch bei Jesus denkbar gewesen. Dennoch endete seine Gefangennahme mit einer Hinrichtung. Und da man heute rückblickend zu wenige Indizien für einen offiziellen römischen Prozess gegen Jesus vorliegen hat, kann nur davon ausgegangen werden, dass es sich bei seiner Verurteilung um einen Willkürakt des römischen Stadthalters gehandelt hat.

* * *

Die Kreuzinschrift Jesu (→ S. 75-79) erlaubt dennoch, den Grund seiner Hinrichtung nachzuvollziehen, und kann möglicherweise als indirekter Beleg für einen Schuldspruch gewertet werden. Sie ersetzt einen solchen aber nicht. Wenn Pilatus Jesus als politischen Rebellen kreuzigen lässt, dann tut er das nicht, weil Jesus im Sinn des römischen Rechts für schuldig befunden worden wäre, sondern weil er die Ruhe und Ordnung in Judäa – bzw. für sich selbst – erhalten wollte. Das legen zumindest die Evangelien nahe. Der historische Pilatus dürfte ein macht- und karrierebewusster Politiker gewesen sein, für den der Kreuzestod eines jüdischen Predigers aus Galiläa, wie es zur damaligen Zeit viele gab, vollkommen bedeutungslos war.

5.

Barabbas und der König der Juden

Origenes war einer der größten Theologen der frühen Kirche, wird allerdings nicht als Kirchenvater verehrt. Grund dafür ist, dass Bischof Demetrius von Alexandrien die Priesterweihe des Origenes für ungültig erklärt hat. Dieser habe sich angeblich selbst kastriert, was ihn nach damaliger Überzeugung für das Priesteramt untauglich machte. Ob Origenes die Feststellung Jesu aus dem Matthäusevangelium (19,12), dass es Eunuchen gebe, die sich um des Himmelreiches willen selbst dazu gemacht haben, tatsächlich so wörtlich genommen hat, ist heute zwar nicht mehr festzustellen, darf aber getrost bezweifelt werden. Möglicherweise hat Demetrius von Alexandrien den Ruf eines Konkurrenten bewusst schädigen wollen, weil er eifersüchtig darauf war, dass Origenes um einiges intelligenter und gebildeter war als er selbst. So verfasste der verhinderte Kirchenvater neben zahlreichen Predigten, philosophischen und theologischen Abhandlungen sowie einer imposanten Anzahl von Bibelkommentaren mit der *Exapla* ein monumentales Werk, in dem er unterschiedliche griechische Fassungen der Bibel mit dem hebräischen Text verglich.

In seinem nur in einer lateinischen Übersetzung erhaltenen Kommentar zum Matthäusevangelium überliefert Origenes eine interessante Lesart jener Szene der Passionsgeschichte, in der Pilatus die aufgebrachte Menschenmenge vor die Wahl zwischen Jesus und Barabbas stellt (Mt 27,15-26). Die Erzählung beginnt, wie wir sie kennen: Es ist die Rede von einem Gefangenen namens Barabbas und davon, dass Pilatus das Volk zur Entscheidung auffordert. »Wen wollt ihr, dass ich euch freilassen soll: *Jesus Barabbas* oder *Jesus, der der Christus* genannt wird?« Der Eigenname *Jesus* für Barabbas ist in der Tat überraschend. Origenes, dem das natürlich bewusst war, kommentiert, dass diese Textvariante nur in wenigen Abschriften zu finden sei und das wohl zu Recht, »weil der Name Jesu nicht zu einem Übeltäter passt«.

Jesus Barabbas: ein historischer Widerstandskämpfer oder eine literarische Erfindung?

Die großen und wichtigen Handschriften des Neuen Testaments – wie etwa der *Codex Sinaiticus* und der *Codex Alexandrinus* – berichten lediglich von einem *Barabbas*. Der Doppelname *Jesus Barabbas* findet sich nur im *Codex Coridethianus* – einer Evangelien-Handschrift aus dem neunten Jahrhundert –, in einer Sammlung von in Minuskelschrift verfassten Texten aus dem Spätmittelalter, in einem syrischen Palimpsest, also einem überschriebenen Text auf einem alten Pergament, und im *Kodex Egerton 2610* aus dem elften Jahrhundert. Das sind zwar keine erstklassigen Zeugen, nach dem Prinzip der *lectio difficilior* aber – welches besagt, dass die schwieriger zu erklärende Leseweise eines Textes die wahrscheinlichere ist – müssen sie dennoch ernst genommen werden. Tatsächlich könnte es sich bei der Lesart *Jesus Barabbas* um die ursprüngliche Überlieferung handeln, die, wie die Bedenken von Origenes nahelegen, schon früh korrigiert worden ist.

Alle vier Evangelien erzählen jedenfalls davon, dass Pilatus in Erwägung zieht, Jesus freizulassen (→ S. 72-74). Was aus frommer Perspektive plausibel wirkt, ist hingegen im historischen Kontext völlig unglaubwürdig. Denn Pilatus war im Jerusalem der damaligen Zeit eine unhinterfragte Autorität. Vor dem Hintergrund der von gebieterischer Willkür geprägten Rechtslage, die in den Provinzen des römischen Imperiums herrschte, konnte er mit Nichtrömern tun und lassen, was er wollte. Er war nicht an die aufwändige Ordnung eines römischen Zivilprozesses gebunden, auf die sich römische Bürger – wie Paulus es später tun wird – berufen konnten. Er hätte Jesus also ohne jede Rückfrage an das Volk oder sonst jemanden begnadigen können. Umgekehrt brauchte er, nachdem das Verhör bereits stattgefunden hatte, auch keine weiteren Gründe, um den jüdischen Prediger ans Kreuz nageln zu lassen, zumal er in einem sehr guten Einvernehmen mit dem amtierenden Hohepriester stand, der ihm Jesus ausgeliefert hatte (→ S. 42-43).

Die Barabbas-Episode wirft daher eine ganze Reihe von Fragen auf, die im Laufe der Zeit unterschiedlich beantwortet wurden. Für das Matthäusevangelium, das sich an Gläubige mit jüdischem Hintergrund richtet, welche die Geschichte des Barabbas möglicherweise bereits kannten, ist dieser ein *bekannter* oder gar *angesehener Gefangener* (Mt 27,16). Für das Markus- (Mk 15,7) und das Lukasevangelium (Lk 23,19) gehört er zu einer Gruppe von Aufrührern, die im Zuge eines Aufstands einen Mord begangen haben. Das Johannesevangelium schließlich nennt ihn einen *leistés* (Joh 18,40). Dieser Begriff, der in den gängigen Bibelübersetzungen mit *Räuber* übersetzt wird, bezeichnete in der damaligen Zeit nach Auskunft von Josephus Flavius, ein Mitglied der gewaltbereiten Widerstandsbewegung der Zeloten. Vielleicht war Barabbas also sogar der Anführer eines kleinen Kommandos, dem auch die beiden gemeinsam mit Jesus gekreuzigten *Schächer* angehörten (→ S. 75-77).

Der Name Barabbas jedenfalls könnte die griechische Transliteration des aramäischen *Bar-Abba* (Sohn des Vaters) und somit eine Art Kampfname sein. So wurde im Jahr 135 n. Chr. dem Anführer der zweiten Revolte gegen die Römer der Kampfname *Bar-Kochba* (Sohn des Sterns) verliehen. Nach seiner Niederlage veränderten seine Anhänger, die sich von ihm verraten fühlten, den Ehrentitel in einen Spottnamen: *Bar-Kosiba* (Sohn der Lüge). Die Zeloten setzten im Kampf gegen die Römer auf eine Guerillataktik, die Überraschungsangriffe und Meuchelmorde umfasste. Nicht wenige dieser Freiheitskämpfer hatten ein messianisches Sendungsbewusstsein. Und natürlich gab es in der Rezeptionsgeschichte immer wieder theologische Bestrebungen, die in Barabbas einen Messias sehen wollten, der – im Unterschied zum wahren friedvollen Messias Jesus – das Kommen des Reichs Gottes durch rohe Gewalt erzwingen wollte.

Die Etymologie des Namens hat auch zu einer interessanten weiteren Überlegung geführt. Da die Bezeichnung *Abba* von Jesus selbst verwendet wurde, um Gott als seinen Vater anzusprechen, haben manche Theologen in dieser Erzählung einen literarischen Trick gesehen, um Jesus als Sohn Gottes auszuweisen. Wenn Jesus aber der eigentliche *Sohn des Vaters* wäre, hätte die Episode ursprünglich eine rein symbolische Bedeutung gehabt: Pilatus hätte das Volk demnach nicht vor eine Wahl stellen, sondern Jesus als *Sohn des Vaters* identifizieren wollen. Leitet man Barabbas dagegen aus dem Aramäischen *Bar Rabba(n)* (Sohn des

Lehrers) ab oder versteht *Abba* schlicht und einfach als Eigennamen, geht die symbolische Bedeutung weitgehend verloren. Die Episode könnte folglich entweder eine historische Grundlage haben oder aber eine später hinzugefügte Legende ohne historischen Kern sein. Vermutlich ist Letzteres der Fall, denn die antijüdische Tendenz der Textstelle ist unverkennbar: Während der Römer Pilatus durch seine Frage und die vermeintliche Bereitschaft, Jesus freizulassen, entlastet wird, ziehen die anwesenden Juden mit ihrem Rufen – »Sein Blut komme über uns und unsere Kinder!« (Mt 27,25) – einen ewigen Fluch auf sich.

Passah-Amnestie und das Waschen der Hände

Das Hauptargument gegen die Historizität der Episode besteht vor allem darin, dass die im Markus-, Matthäus- und Johannesevangelium als Brauch bzw. als Recht des römischen Statthalters beschriebene Tradition, beim Passahfest einen Gefangenen freizulassen, in keiner außerbiblischen Quelle belegt ist. Ohne diese in der Fachliteratur als *privilegium paschale* bezeichnete Konvention jedoch verliert die gesamte Szene an historischer Glaubwürdigkeit. Dabei fällt besonders ins Gewicht, dass auch Josephus, der nach wie vor die unangefochtene Autorität ist, wenn es um die Geschichte Judäas im ersten Jahrhundert nach Christus geht, den angeblichen Brauch mit keiner Silbe erwähnt.

Nur in einer außerbiblischen Quelle findet man ein Zeugnis, wonach sich etwas Ähnliches im Jahr 86 n. Chr. in Ägypten zugetragen haben könnte. Der dort amtierende Präfekt Gaius Septimus Vegetus ließ damals nämlich einen Gefangenen namens Fibion frei, nachdem eine große Gruppe von Menschen seine Freilassung gefordert hatte. Dennoch stellt sich die Frage, ob sich Pilatus eine derartige Begnadigung politisch überhaupt hätte leisten können. Denn mit Barabbas hätte er – folgt man dem biblischen Text – einen berüchtigten Widerstandskämpfer begnadigt, der bereits gemordet hatte. Ein solches Vorgehen hätte er nicht nur seinen Offizieren, Soldaten und Verwaltungsbeamten erklären, sondern auch dem Kaiser gegenüber rechtfertigen müssen, den er schließlich in regelmäßigen Berichten über die Vorkommnisse in Judäa zu informieren verpflichtet war.

Historisch gesichert ist allerdings, dass es in der römischen Welt bei den Gladiatorenkämpfen Freilassungen nach einer Befragung des Volkes gegeben hat, wobei dieses per Akklamation entscheiden konnte. Hierbei ging es aber in erster Linie um die Belustigung des Publikums. Ein derartiges Vorgehen bei einem Gerichtsverfahren ist hingegen nirgends belegt. Dass es tatsächlich eine Begnadigung des Barabbas gegeben hat, ist aus diesen Gründen nicht sehr wahrscheinlich, dass die Evangelisten die Inspiration für die Idee zur Barabbas-Episode aus ihrem Umfeld gewinnen konnten, aber immerhin möglich. Das wird nämlich auch noch an anderer Stelle deutlich.

Der Talmud erwähnt nämlich im Traktat *Pesachim* einen Brauch, der die Verfasser der Evangelien dazu inspiriert haben könnte, die Barabbas-Episode einzufügen. Hier geht es allerdings um ein jüdisches – und nicht um ein römisches – Gericht, das Gefangene vor dem Beginn der Passahfeierlichkeiten befreien und ihnen so die Möglichkeit geben konnte, das wichtigste Fest des Jahres zu Hause zu feiern. Abgesehen davon aber, dass die Mischna von gewöhnlichen Gefangenen und nicht von gefährlichen Terroristen, Mördern oder religiösen Aufrührern spricht, findet sich auch dort kein Hinweis auf eine jährlich, also regelmäßig stattfindende Amnestie. Unklar bleibt außerdem, warum Pilatus diese Vorschrift aus der Mischna nur auf Jesus und Barabbas angewandt haben soll, während zwei weitere Gefangene, die ebenfalls als *leistés* bezeichnet werden und insofern zumindest mit Barabbas auf eine Ebene zu stellen sind, verurteilt und schließlich neben Jesus gekreuzigt werden (→ S. 77-78), ohne dass dem Volk die Möglichkeit eingeräumt worden wäre, ihre Freilassung zu erbitten. Und völlig unklar ist, warum sich Pilatus als mächtiger römischer Beamter einen jüdischen Brauch zu eigen gemacht haben soll. Um einen Gefangenen freizulassen, hatte er als römischer Präfekt – wie bereits erwähnt – ausreichend Macht und Autorität. Ja, selbst nach einem bereits ergangenen Urteilsspruch hätte er noch von einer *abolitio* Gebrauch machen, das Urteil also einfach aufheben und seine Gefangenen freilassen können. Im Fall von Jesus und Barabbas wäre ihm das umso mehr ein Leichtes gewesen, als die beiden vermutlich noch nicht einmal rechtskräftig verurteilt waren.

Und noch ein anderer Aspekt der Barabbas-Episode wirft Fragen auf: Die Erzählung endet mit der berühmten Szene der Handwaschung. Ein solcher symbolischer Akt als Zeichen der Unschuld ist in der römischen Rechtsprechung und in der gesamten römischen Kultur – mit Ausnahme dieser Stelle – unbekannt. Die jüdische Tradition kennt eine einzige vergleichbare

Begebenheit: Im Buch Deuteronomium waschen sich die Ältesten einer Stadt, in deren Nähe ein Mord passiert ist, die Hände über dem Kopf einer von ihnen zuvor rituell getöteten Kuh. Mit dieser Geste wollen sie ihre Unschuld beteuern. Die heute sprichwörtlich gewordene Redewendung »Ich wasche meine Hände in Unschuld« kommt außerdem in zwei Psalmen vor. Hieraus aber einen Bezug zu Pilatus ableiten zu wollen, macht keinerlei Sinn. Denn die Römer blickten auf das Judentum herab. Sie verachteten diese Religion und hatten daher gewiss keine Veranlassung, deren Riten zu kopieren.

Der ›titulus crucis‹ und die zwei Schächer

So oder so hat Pilatus jedenfalls eine Entscheidung getroffen. Er schickt nicht nur Jesus, sondern zwei weitere Menschen in den Tod. Von den beiden anderen ist nur wenig bekannt. Dass sie gemeinsam mit Jesus zur Hinrichtungsstätte geführt werden, wird nur im Lukasevangelium erwähnt (Lk 23,32). Alle vier Evangelien erzählen jedoch von der Kreuzigung von zwei anderen Männern und davon, dass das Kreuz Jesu in der Mitte stand. Für das Markus- und das Matthäusevangelium gehören die beiden, so wie Barabbas, zur Kategorie der *leistés*. Sie sind damit keine gewöhnlichen Kriminellen, Räuber oder Wegelagerer, sondern ebenso jüdische Widerstandkämpfer. Ob sie zu jener Gruppe von Zeloten gehörten, die Barabbas angeführt haben dürfte, lässt sich heute nicht mehr feststellen. Für das Lukasevangelium sind sie schlicht Übeltäter, das Johannesevangelium dagegen scheint eine Wertung bewusst zu vermeiden. Sehr wahrscheinlich wollten die Verfasser des vierten Evangeliums Jesus nicht in schlechter Gesellschaft sterben lassen, galt der Tod am Kreuz in der johanneischen Tradition doch als höchste Stufe der irdischen Mission Jesu (→ S. 125-126).

In der deutlich ausführlicheren apokryphen Tradition des Nikodemus-Evangeliums werden sogar die Namen der zwei Schächer überliefert: Dysmás und Ghestás.

Obwohl man weiß, dass Gekreuzigte im Todeskampf unter großer Atemnot litten und außer Lauten des Schmerzes und der Verzweiflung kaum ganze Wörter artikulieren konnten, überliefert das Lukasevangelium ein ausführliches Gespräch der beiden mit Jesus (Lk 23,39-43). Einer der Männer – vermutlich Ghestás – hat sogar genug Kraft, Jesus zu verspotten, der andere weist ihn zurecht und empfängt eine Heilsverheißung: »Heute wirst du mit mir im Paradies sein!« Das arabische Kindheitsevangelium geht noch mehr ins Detail: Dysmás soll ein Räuber gewesen sein, welcher der Heiligen Familie auf der Flucht vor Herodes nach Ägypten geholfen habe. Damit ist auch eine Erklärung für die hoffnungsvolle Verheißung gegeben.

Das Johannesevangelium verzichtet an dieser Stelle auf unglaubwürdige literarische Ausschmückungen. Seine Leserschaft wusste sehr gut, wie eine Kreuzigung vonstatten ging. Von Josephus ist überliefert, dass die römischen Prokuratoren Felix und Gessius Florus in den Jahren zwischen 50 und 70 n. Chr. regelmäßig Räuber, aber auch viele andere Bürger, ans Kreuz nageln ließen. Bei der Beschreibung der Belagerung Jerusalems kommentiert Josephus im fünften Buch des *Bellum Iudaicum*

(Jüdischer Krieg) nüchtern: »Da es ihrer so viele waren, fehlte es bald an Raum für die Kreuze und an Kreuzen für die Leiber.« Dass sich am Kreuz mit dem Tod ringende Menschen gepflegt unterhalten konnten, war also für die Leser des Johannesevangeliums erkennbar unrealistisch. Sie hätten solches schlicht nicht geglaubt.

Vom Inhalt her hätte sich die Unterhaltung, wie sie im Lukasevangelium geschildert wird, aber durchaus so zugetragen haben können. Der *gute Schächer* erkennt Jesus, weil er in Jerusalem natürlich kein Unbekannter war. Der *böse Schächer* verspottet ihn. Diese Reaktion wird bei ihm von einem Holztäfelchen ausgelöst, das die Römer vermutlich mit weißer Farbe grundiert und mit wenigen roten Worten beschrieben hatten, um auf diese Weise eine gute Lesbarkeit zu gewährleisten. Das Markusevangelium nennt dieses Schild *Aufschrift der Ursache* – gemeint ist: Ursache des Todesurteils – das Matthäusevangelium nur *Ursache* – also: Todesurteil –, das Lukasevangelium bleibt schlicht bei *Aufschrift*.

Das Johannesevangelium benutzt den Fachterminus *tìtlos*, wobei es sich hier letztlich um nichts anderes handelt als um die griechische Transkription der offiziellen lateinischen Bezeichnung *titulus*. Sowohl jüdische als auch römische Quellen belegen, dass es in der damaligen Zeit üblich war, mit einer Tafel darauf hinzuweisen, für welche Verbrechen jemand verurteilt worden war. Alle vier Evangelien berichten, wie wir schon gesehen haben, von einem solchen Schild, sind sich aber hinsichtlich des Wortlauts nicht einig. Die kürzeste Variante der Aufschrift liefert das Markusevangelium mit seinem: »Der König der Juden« (Mk 15,26). Das Lukasevangelium fügt ein *dieser* ein, sodass die Ursache für das Todesurteil nun folgendermaßen lautet: »Der König der Juden (ist) dieser« (Lk 23,28). Das Matthäusevangelium ist noch ausführlicher: »Dieser ist Jesus, der König der Juden« (Mt 27,37). Und das Johannesevangelium gibt sogar den Geburtsort des Gekreuzigten an: »Jesus, der Nazarener, der König der Juden« (Joh 19,19).

Außerdem wird im vierten Evangelium erwähnt, dass die Botschaft auf Hebräisch, Griechisch und Latein zu lesen war (→ S. 190). Tatsächlich sind derartige mehrsprachige Inschriften in Judäa – so zum Beispiel am Tempeleingang – mehrfach belegt. Dennoch wirkt es unplausibel, dass man für die Kreuzigung eines aus der Sicht der Römer nicht besonders wichtigen Verbrechers einen solchen Aufwand betrieben haben soll. Die kürzeste Version des Markusevangeliums ist historisch daher am glaubwürdigsten. Für die Römer war die Bezeichnung des Deliktes wichtig, weswegen die Todesstrafe verhängt worden war, der Name der Person, die hingerichtet wurde, dagegen irrelevant. Die Version des Markusevangeliums ist übrigens auch zu bevorzugen, was die Frage nach der Position des Täfelchens betrifft: auf dem Boden neben dem Kreuz. Die anderen drei Evangelien meinen, dass dieses am Kreuz oberhalb des Kopfes angebracht worden sei, was allerdings in den antiken Quellen sonst nirgends belegt ist.

Das Johannesevangelium schließlich berichtet, dass kein Geringerer als Pilatus selbst den Text verfasst und gegen den Einspruch der Vertreter des Synedrions auf genau diesem Wortlaut bestanden hat. »Was ich geschrieben habe, habe ich geschrieben«, wird ihm in den Mund gelegt (Joh 19,22). Literarisch gesehen hat diese kleine Szene wohl die Funktion, die Macht des Pilatus gegenüber der jüdischen Obrigkeit zu betonen. Dass sie sich tatsächlich so zugetragen haben könnte, ist aber äußerst unwahrscheinlich, denn dafür war für die Römer die Hinrichtung eines jüdischen Wanderpredigers einfach zu unbedeutend.

* * *

Als sich einige Jahrhunderte später Helena, die Mutter des Kaisers Konstantin, in Jerusalem auf die Suche nach Überbleibseln aus dem Leben Jesu machte, fand sie – wenig überraschend – genau auch dieses Täfelchen. Sie brach es in drei Teile. Das erste Stück ließ sie nach Rom bringen, wo es heute noch in der Kirche Santa Croce aufbewahrt wird. Das zweite Stück wurde nach Konstantinopel transportiert und ging irgendwann verloren. Das dritte blieb in Jerusalem und wurde dort bis zur Zeit der Kreuzzüge verehrt, wie mehrere Pilger in ihren Schriften berichten. Über die Authentizität der Reliquie kann freilich diskutiert werden. Bis jetzt hat aber noch nicht einmal eine dendrochronologische Untersuchung stattgefunden, ein Vorgang, mit dem man zumindest das Alter des Holzes bestimmen könnte. Daher wird die Identität des letzten in Rom übriggebliebenen Stückes des Schildes wohl eine der vielen offenen Fragen rund um die Barabbas-Episode bleiben. Der Umstand, dass mit Jesus zwei politische Aufrührer gekreuzigt wurden und die Evangelien irgendwann die Freilassung des Barabbas eingefügt haben, macht aber eines deutlich: Die Hinrichtung Jesu hatte in der Wahrnehmung der Tradition schon immer einen politischen Hintergrund.

6.

Herodes Antipas, der Landesherr Jesu

Im Jahr 63 v. Chr. gelang es dem römischen Feldherrn Pompeius, die Herrschaft Roms in Kleinasien zu festigen, indem er König Mithridates besiegte und das einstige Reich der Seleukiden in die Provinz Syrien eingliederte. Auch Judäa und die umliegenden Gebiete waren Teil dieser römischen Provinz. Als wenige Jahre später ein Bürgerkrieg zwischen Pompeius und Caesar entbrannte und sich sogar in Nordafrika ausbreitete, sandte ein gewisser Antipater jüdische Truppen, um Julius Caesar zu unterstützen, der in Alexandria eingeschlossen war und einer Übermacht ägyptischer Truppen gegenüberstand. Als Caesar Pompeius im Jahr 49 v. Chr. endgültig besiegen konnte, erhielt Antipater das römische Bürgerrecht und wurde Regent von Judäa, Samarien, Nabatäa und Galiläa. Er erhielt sogar die Erlaubnis, die Mauer von Jerusalem, die Pompeius fast 20 Jahre zuvor geschliffen hatte, wieder aufzubauen.

Antipater war der Vater von Herodes dem Großen. Weil dessen Mutter aus Nabatäa stammte und für die Judäer darum eine Ausländerin war, galt er für strenggläubige Juden nicht als Angehöriger des jüdischen Volkes. Herodes heiratete zwar u. a. die hasmonäische Prinzessin Mariamne, blieb für einen Großteil der Juden aber dennoch stets ein Eindringling und fremder Usurpator, der als *rex socius et amicus populi Romani* (verbündeter König und Freund des römischen Volkes) von Caesar zum König ernannt worden war. Allerdings besaß Herodes politisches Geschick und führte sein Reich mehr als 30 Jahre in Frieden und in Einklang mit Rom. Da seine drei designierten Nachfolger infolge diverser Intrigen allesamt einen gewaltsamen Tod gefunden hatten, ernannte er kurz vor seinem eigenen

Ableben drei weitere seiner Söhne zu Erben. Immerhin hatte er mit den fünf Frauen, die er rechtmäßig geheiratet hatte, und mit seinen zahlreichen Konkubinen für reichlich männlichen Nachwuchs gesorgt.

Die meisten dieser Söhne trugen, wie es damals üblich war, den Namen Herodes als dynastischen Ehrentitel, der mit einem individuellen Beinamen kombiniert wurde. Und so kam es, dass im Jahr 4 v. Chr. der knapp achtzehnjährige Herodes Antipas zum Landesherrn von Galiläa wurde, dem Gebiet, in dem Jesus lebte und wirkte.

Herodes Antipas, der Fuchs

Herodes Antipas verwaltete als Tetrarch, also als Herrscher über vier Gebiete, die Regionen Galiläa und Peräa, und zwar für eine bemerkenswert lange Zeit: von 4 v. Chr. bis 39 n. Chr. Er war als Jugendlicher in Rom nach den Prinzipien der hellenistisch-römischen Kultur erzogen worden und blieb sein ganzes Leben lang dieser kulturellen Prägung treu. So ließ er nach seiner Machtübernahme zum Beispiel die Stadt Sepphoris wieder aufbauen, benannte sie aber zu Ehren des Augustus in *Autocratoris* (Stadt des Kaisers) um und machte sie zu seiner Residenz. 20 Jahre später zog er mitsamt seinem Hofstaat in eine neu erbaute Stadt am Westufer des Sees Genezareth, der er zu Ehren des neuen Kaisers *Tiberius* den Namen *Tiberias* gab. In dieser Stadt stand nicht nur der Palast des Königs. Sie verfügte über ein Theater, eine weitläufige Badeanlange und natürlich über ein römisches Aquädukt. Doch weil Antipas einen Teil der Stadt auf dem Gebiet eines ehemaligen jüdischen Friedhofes hatte bauen lassen, galt sie für die gläubigen Juden zur Zeit Jesu als unrein und durfte von ihnen nicht betreten werden, was natürlich erhebliche Probleme in der Verwaltung mit sich brachte. Innenpolitisch war Antipas weitgehend unabhängig von unmittelbarem römischen Einfluss. Er konnte eigene Münzen prägen lassen und hatte eine beinahe uneingeschränkte Gerichtshoheit über seine Bürger. Daher konnte er Männer wie Johannes den Täufer auch problemlos verhaften und töten lassen (Lk 13,31).

Hinweise zu seinem Charakter finden sich interessanterweise ausgerechnet aus dem Mund von Jesus selbst. Er bezeichnet Herodes Antipas nämlich einmal als einen Fuchs, als ein Tier, das in der damaligen Zeit nicht nur für Verschlagenheit und Schlauheit stand, sondern vor allem als Wesen mit dämonischen Kräften galt, das Ruinen und verlassene Orte bewohnte und bei seinen Streifzügen eine Spur der Verwüstung hinter sich herzog. Tatsächlich dürfte Antipas ein listiger und gerissener Herrscher gewesen sein, der – besonders zu Beginn seiner Regierungszeit – vorgab, dem Kaiser uneingeschränkt zu Diensten sein zu wollen. Er schrieb sowohl an Augustus als auch an dessen Nachfolger Tiberius regelmäßig Briefe, in denen er verschiedene römische Beamte in Judäa und Syrien diffamierte und diskreditierte. Dass Antipas 43 Jahre lang regierte, kann als Beleg dafür gewertet werden, dass er in Rom damit gut ankam. Er galt als treuer Vasall und stand in der Gunst der Mächtigen.

Solange Tiberius am Leben war, wagte daher auch niemand – weder Römer noch Juden –, offen gegen ihn aufzubegehren. Sein durchtriebenes, skrupellos auf den eigenen Vorteil bedachtes Auftreten führte allerdings zu Verstimmungen und Spannungen zwischen ihm und den römischen Verwaltern in Judäa und in der syrischen Provinz. Josephus Flavius berichtet, dass Antipas sich die Feindschaft des syrischen Statthalters Vitellius eingehandelt hatte, als er die von diesem geleiteten und zu einem erfolgreichen Ende geführten Friedensverhandlungen mit den Parthern, den einzig wirklich gefährlichen Feinden Roms im Orient, dem Kaiser in Rom als sein persönliches Verdienst verkauft hatte. Mit diesem Schachzug konnte sich Antipas einmal mehr die Gunst des Kaisers sichern, und dass er den syrischen Prokurator erzürnt hatte, bekümmerte ihn nicht. Vitellius allerdings rächte sich einige Jahre später, indem er Herodes Antipas bei einem Aufstand keine Truppen schickte, um ihn zu unterstützen.

Wenn Antipas aber schon den Provinzverwalter Syriens so wenig wertschätzte, kann man sich leicht vorstellen, dass die Präfekten im deutlich weniger bedeutenden Judäa in seinen Augen von noch geringerer Bedeutung waren. Die Anmerkung des Lukasevangeliums, dass Pilatus und Antipas keine Freunde waren, klingt darum auf jeden Fall glaubwürdig (Lk 23,12). Am Beginn des 13. Kapitels erfahren die Leser außerdem, dass Pilatus einige Bewohner Galiläas hinrichten ließ, die nach Jerusalem gekommen waren, um ein Opfer darzubringen. Wenn man bedenkt, dass Pilatus im Jahr 36 für ein ähnliches Massaker – bzw. weil jemand die Angelegenheit dem Kaiser gemeldet hatte – seinen Posten räumen musste (→ S. 55-58), kann man davon ausgehen, dass auch der Vorfall von Jerusalem Gegenstand eines Berichtes von Antipas an Tiberius gewesen sein muss, denn Galiläa unterstand seiner Rechtsprechung und damit war er auch für die von Pilatus getöteten Männer zuständig.

Wie die Sache für Pilatus ausgegangen ist, wissen wir nicht. Aber man kann sich denken, dass weder Antipas noch der Kaiser besonders erfreut waren und Pilatus das auch wissen ließen. Es ist darum durchaus möglich, dass Pilatus Jesus deshalb zu Antipas bringen ließ, weil er neuerlichen Ärger vermeiden wollte. Da er aus Galiläa stammte, fiel nämlich der angeklagte Wanderprediger in die Jurisdiktion des Antipas. Man kann Pilatus' Verhalten daher als einen Versuch deuten, die rechtliche Autorität des Tetrarchen über die Bevölkerung von Galiläa zu respektieren – auch wenn sich der Bürger, um den es gerade ging, in Jerusalem aufhielt.

Dennoch bleiben Fragen offen. Denn zum einen wäre ein solcher Aufwand für einen einzigen jüdischen Rebellen bestimmt nicht unbedingt nötig gewesen, und zum anderen steht dieses Verhalten in einem klaren Widerspruch sowohl zum Charakter als auch zum Führungsstil des Pilatus. Rechtshistoriker haben zudem immer wieder in Frage gestellt, ob Antipas nach römischem Recht in Jerusalem überhaupt ein Urteil hätte aussprechen, geschweige denn ausführen lassen dürfen.

Allerdings ist über die konkrete lokale Rechtspraxis in den Provinzen oder in den Gebieten, die von Klientelkönigen und Vasallen Roms verwaltet wurden, nur wenig bekannt. Josephus berichtet am Ende des dritten Buches des *Jüdischen Krieges* allerdings von einer interessanten Begebenheit: In der Zeit, als Vespasian am Beginn des ersten jüdischen Krieges die fünfte und die zehnte Legion als Legat anführte, überfiel er das Dorf Tarichäa am See Genezareth, welches als aufrührerisch galt. Nach einer erbitterten Seeschlacht trug er den Sieg davon und verurteilte viele der Rebellen zum Tod. Da er in den Männern aber Untertanen des Herodes Agrippa II., einem Neffen von Herodes Antipas, sah, entschied er, sie dem rechtmäßigen Landesherrn zu überlassen. »Jene Gefangenen, die Untertanen des Agrippa waren«, so merkt Josephus nüchtern an, »stellte er (Vespasian) dem König (Agrippa) zur Verfügung. Er konnte damit machen, was er wollte.« Ein solches Vorgehen bedeutete mehr als einen simplen Akt der Höflichkeit oder des Respekts. Denn in der Regel finanzierten die römischen Generäle ihre Kriegskampagnen mithilfe der Einnahmen, die sie aus dem Verkauf der Gefangenen als Sklaven erlösen konnten. »Der König (Agrippa) verkaufte übrigens ebenfalls diese Leute«, kommentiert Josephus weiter und belegt damit indirekt, dass Rom seinem Klientelkönig durchaus eine gewisse Macht zugestand und dessen Entscheidungen in einem gewissen Rahmen respektierte.

Dass Antipas sich zur Zeit der Festnahme von Jesus in Jerusalem aufgehalten hat, ist gut möglich. Josephus berichtet, dass der Tetrarch zu den jüdischen Festen in der Regel von Galiläa nach Jerusalem pilgerte, um dort zu opfern. Ob er das aus religiöser Überzeugung tat oder um nicht das Missfallen seiner jüdischen Untertanen zu wecken, wissen wir natürlich nicht. Vielleicht hat er diese Reisen auch dazu genutzt, um Informationen zu sammeln, die er dann nach Rom weiterleitete und mit deren Hilfe er sich die Gunst seines Gönners Tiberius erhalten konnte. Ob er in Jerusalem wirklich die Vollmacht besaß, Todesurteile auszusprechen, darf allerdings bezweifelt werden. Unter Umständen wurde ihm dieses Recht (zumindest) in seinem Jerusalemer Palast zugestanden – nach den Angaben des Josephus residierte er in Jerusalem im Palast der Hasmonäer südwestlich des Tempelbezirkes – oder aber, er hatte die Möglichkeit, Gefangene nach Tiberias – seiner Hauptstadt – überführen zu lassen, sie dort zu verhören, gegebenenfalls zu foltern und zu verurteilen. All das lässt sich heute nicht mehr mit Sicherheit rekonstruieren.

Antipas war jedenfalls der Herrscher jenes Gebietes, in dem Jesus dreißig Jahre lang gelebt und gewirkt hat. Das weiß Pilatus und trifft in der Folge die Entscheidung, den Gefangenen an *seinen* Landesherren zu übergeben. Die Szene der Passionsgeschichte, in der Herodes Antipas seinen Auftritt hat, ist historisch zumindest denkbar, sie wird allerdings nur im Lukasevangelium erzählt. Was ist also davon zu halten? Hat es diese Begegnung tatsächlich gegeben?

Das Lukasevangelium und seine Quellen

Die Begegnung zwischen Herodes Antipas und Jesus ist im Lukasevangelium dramaturgisch in das Verhör bei Pilatus eingebettet und wirkt zunächst stimmig. Da Pilatus zögert, das Todesurteil auszusprechen, argumentieren die Vertreter des Synedrions, dass Jesus das Volk »von Galiläa bis Jerusalem« (Lk 23,5) aufwiegle. Als Pilatus das Wort *Galiläa* hört, entscheidet er sich kurzerhand, Jesus zum Herrscher dieses Gebietes bringen zu lassen, der gerade in Jerusalem weilt. Der mittlerweile über fünfzigjährige Tetrarch, der Jahre zuvor bereits versucht hatte, Jesus zu töten (Lk 13,31) und ihn auch beobachten ließ (Lk 9,7), ist zunächst erfreut, denn er hatte bisher noch keine Gelegenheit, ein Gespräch mit dem Wanderprediger zu führen. Als Jesus sich aber weigert, mit ihm zu reden, und auch kein Wunder vorführt, verspotten Antipas und sein Hof ihn als Narren, lassen ihn ein *leuchtendes Kleid* anziehen und schicken ihn zurück zu Pilatus. Pilatus und Antipas, die sich bis dato feindlich gegenüberstanden, werden, so heißt es daraufhin bei Lukas, nun zu Freunden.

Bei der Begegnung Jesu mit Antipas geschieht nichts, was das Schicksal Jesu besser oder schlechter machen würde. Die Passionserzählung funktioniert darum auch ohne diese Episode. Und eine literarkritische Untersuchung dieser sieben Verse führt zum ernüchternden Schluss, dass nur die Notiz zur Freundschaft zwischen den beiden Machthabern keine Spuren einer späteren bzw. sekundären redaktionellen Bearbeitung erkennen lässt. Ansonsten besteht der Abschnitt aus wenig zusammenhängenden Teilen, die bereits an anderen Stellen im Lukasevangelium verwendet wurden und also nicht als ursprünglich gelten können. Das wird in der Bibelwissenschaft als klares Zeichen dafür gewertet, dass der Text später von Redakteuren zusammengesetzt wurde, die sich bewusst auf bereits bekannte und autoritative Satzbausteine stützten.

Die klar apologetische Erzählung, die in der Bekleidung Jesu mit einem Spottgewand gipfelt, will unterstreichen, dass Jesus für Antipas politisch ganz und gar ungefährlich war. Jesus, das wird mit dem *Prunkgewand* zum Ausdruck gebracht, ist kein König. Diese Aussage steht im Einklang mit der Botschaft des Lukasevangeliums. Das literarkritische Argument ist nicht nur plausibel, es hat in der wissenschaftlichen Auslegung stets Vorrang, denn es hilft, den Prozess der Textkomposition sinnvoll zu rekonstruieren. Berücksichtigt man die genannten Überlegungen, ergibt sich, dass es sich bei der Episode mit Antipas um eine erfundene Anekdote handelt, möglicherweise auch um eine Legende mit märchenhaften Zügen. Aber warum nimmt das Lukasevangelium diese Legende auf?

Zunächst fällt auf, dass dieses Evangelium relativ viele exklusive Informationen enthält, die im Zusammenhang mit Herodes Antipas stehen. Zum Teil sind es Hinweise, die offensichtlich aus Quellen stammen, die nur der Gemeinschaft zur Verfügung standen, die das Lukasevangelium und die Apostelgeschichte verfasst hat. Dabei gilt es, zunächst die Nachricht vom Beginn der Predigttätigkeit von Johannes dem Täufer in den Blick zu nehmen, die mit Bezug auf die Regierungszeit des Herodes datiert wird (Lk 3,1). Des Weiteren gibt es im Lukasevangelium eine Notiz, wonach Antipas überlege, Jesus töten zu lassen (Lk 13,31). Besonders interessant sind aber zwei Randbemerkungen: Die erste findet sich am Beginn des 8. Kapitels der Apostelgeschichte, wo eine gewisse Johanna, die auch schon im Lukasevangelium vorkommt, als Mitglied der frühchristlichen Gemeinde genannt wird. Sie wird als Ehefrau eines Mannes namens Chuza vorgestellt, der ein Verwaltungsbeamter (*epítropos*) des Herodes war. Diese kleine Notiz liefert Stoff für Mutmaßungen: Hatte Johanna Zugang zu internen Informationen aus dem Herodes-Palast? Teilte sie diese der jesuanischen Gemeinschaft mit? Und enthält das Lukasevangelium daher Details, welche die Verfasser der anderen Evangelien nicht kennen konnten? Denkbar wäre es.

Die zweite Notiz steht am Beginn des 13. Kapitels der Apostelgeschichte und handelt ebenfalls von einer Person, die als mögliche Quelle von mehr oder weniger geheimen Informationen infrage kommt. Bei der Beschreibung der frühchristlichen Gemeinde von Antiochien ist nämlich die Rede von einem gewissen Manaën, einem Lehrer und Propheten. Er wird als *sýntrofos* des Tetrarchen Herodes näher identifiziert. Das Wort *sýntrofos* ist ein sogenanntes *hápax legómenon,* also ein Begriff, der im gesamten Neuen Testament nur ein einziges Mal vorkommt und dementsprechend schwer zu übersetzen ist. Die darin enthaltene Verbwurzel *tréfein* bedeutet *füttern*. Die Präposition *sýn* steht für das deutsche *mit*. Manaën war also wohl jemand, der zusammen mit Herodes gefüttert oder im übertragenen Sinn *miterzogen* wurde, möglicherweise ein Sohn aus gutem Hause, der dieselbe Amme oder dieselben Erzieher wie Antipas hatte. Der Begriff signalisiert auf jeden Fall eine sehr große Vertrautheit zwischen den beiden Männern. Insofern könnte es durchaus sein, dass diese beiden Texte – das Lukasevangelium und die Apostelgeschichte –, die heute derselben Autorengemeinschaft zugeschrieben werden, von zwei Personen, Johanna und Manaën, Informationen erhalten haben, die dem Markus-, Matthäus- und Johannesevangelium verborgen geblieben waren.

* * *

Im Palast der Hasmonäer, jenem Ort, an dem Herodes Antipas mit seinem Hof residierte, wenn er in Jerusalem war, findet eine Begegnung statt, von der nur im Lukasevangelium erzählt wird. Jesus wird zunächst als Zauberer eingeführt und, als er sich weigert, die Anwesenden zu unterhalten, wird er verhöhnt, mit einem Spottkleid umhüllt und zu Pilatus zurückgeschickt. Die Gruppe der anwesenden Priester und Adeligen bleibt passiv im Hintergrund. Sie fungieren lediglich als machtlose Zeugen einer skurrilen Begebenheit. Wenngleich sowohl im Lukasevangelium als auch in der Apostelgeschichte auf zwei Menschen verwiesen wird, die als Insider am Hof des Herodes gelten können und von denen das Wissen über diese Episode stammen könnte, geht die Mehrheit der Forschungsgemeinschaft heute davon aus, dass die Begegnung zwischen Jesus und Antipas ein literarischer Einschub und erst im Rahmen einer späteren Redaktion der Passionsgeschichte Teil des Lukasevangeliums geworden ist. Wenn das stimmt, hat ein solches Treffen nie stattgefunden.

7.

Longinus und die Lanze

Im Talmud findet man einen Text, der von einem fiktiven Gespräch zwischen dem jüdischen Gott und einer Gruppe von Römern handelt. Gott ist zornig und stellt die Männer zur Rede: »Was habt ihr während der Verwaltung meines Landes gemacht?« Sie antworten: »Herr der Welt, wir haben Marktplätze errichtet, Bäder gebaut, Gold und Silber vermehrt. Alles, was wir taten, haben wir für Israel getan, damit sie in Freiheit ihre Gesetze lernen könnten.« Doch damit gibt sich Gott nicht zufrieden. »Ihr Toren!«, schimpft er. »Alles, was ihr getan habt, habt ihr zu eurem Vorteil gemacht. Marktplätze habt ihr für eure Bordelle gebaut und Bäder habt ihr zum Vergnügen eurer Körper errichtet und Silber und Gold habt ihr mir gestohlen (...)!«

Diese Szene wurde fast 2000 Jahre später von der britischen Komikergruppe Monty Python in ihre Komödie *Das Leben des Brian* aufgenommen und noch zugespitzt. Reg, der als Führer der *People's Front of Judea* eine Revolte gegen die Besatzungsmacht anzetteln und die Frau des Pilatus entführen lassen will, hält vor seinen Mitstreitern eine flammende Rede gegen die Römer. Sie gipfelt in der Frage: »Was haben die Römer je für uns gemacht?« Darauf Stille. Dann hebt sich zögernd eine Hand: »Das Aquädukt?« – »Oh ja, das Aquädukt!« – »Äh, die sanitären Anlagen?« – »Ja klar, erinnert ihr euch, wie es früher hier gestunken hat?« – »Die Straßen?« – »Jaaaa, die Straßen, ok. Aber was haben Sie sonst je gebracht?« – »Frieden?« – »Frieden, ach was, haltet die Klappe!«

Reg hält trotz aller Errungenschaften, welche die römische Kultur und Lebensart nach Judäa gebracht haben, an seinem revolutionären Plan fest. Und in der

Tat: Auch wenn Monty Python hier überzeichnen, ganz ohne historischen Anhalt ist die Szene nicht. Denn der Friede, den Rom gebracht hatte, glich eher einer Friedhofsruhe, geschaffen durch Gewalt und Unterdrückung. Die Römer wurden zur Zeit Jesu von der jüdischen Bevölkerung ganz ohne Zweifel als Eroberer und Unterdrücker wahrgenommen. Daran änderten auch die vielen öffentlichen Einrichtungen, die sie bereitstellten, nichts. Einige Mitglieder des Jerusalemer Adels und der Priesterschaft waren zwar bereit zu kollaborieren, wenige Jahrzehnte nach dem Tod Jesu spitzte sich die Lage aber immer mehr zu. Es kam um das Jahr 66 zur ersten jüdischen Revolte, welche die Römer erbarmungslos niederschlugen und mit der Zerstörung des Tempels beendeten.

Judäa und die Römer

Als Jesus geboren wurde, regierte in seiner Heimat ein jüdischer König: Herodes. Er herrschte gut 30 Jahre lang über ein Reich, das ungefähr die Grenze des alten Israel zur Zeit von David und Salomo hatte (→ S. 81-82). Sein Beiname *der Große* ist ein Indiz dafür, dass er zu Lebzeiten beliebter gewesen sein dürfte, als es die spätere – von Josephus Flavius und den Evangelien beeinflusste – Tradition wahrhaben wollte. Als er starb, wurde das Land auf drei seiner Söhne aufgeteilt. Herodes Antipas erhielt die nördlichen Gebiete auf der Westseite des Jordans, Herodes Archelaos übernahm die Verantwortung für die südlichen Gebiete Judäa und Samaria, also den Großteil des Reiches, und Herodes Philippos wurde die Gegend auf der Ostseite des Jordans zugesprochen. Während

Antipas und Philippos ihr Amt relativ unspektakulär ausübten, zeichnete sich hingegen Archelaos' Amtsführung durch politisches Ungeschick und Gewalttätigkeit aus. Er provozierte seine Untertanen vor allem dadurch, dass er jüdische Bräuche und Traditionen offen missachtete. Das wurde auch in Rom bekannt und, damit Ruhe einkehrte, enthob ihn Kaiser Augustus im Jahr 6. n. Chr. seines Amtes. Stattdessen setzte er in Judäa einen römischen Statthalter ein. Der erste hieß Coponius. Mit ihm begann sozusagen die unmittelbare römische Herrschaft über Judäa, das einige Jahrzehnte später zu einer römischen Provinz wurde. Der Statthalter war ein römischer Bürger aus dem Ritterstand, der mit dem Rang eines Präfekten – und ab dem Jahr 44 n. Chr. eines Prokurators – seine Amtsgewalt ausübte. Er residierte am Meer in Caesarea und begab sich nur gelegentlich nach Jerusalem (→ S. 55-58).

Die Ruhe, die Augustus gewollt hatte, trat allerdings auch jetzt nicht ein. In den folgenden 60 Jahren war die Gegend geradezu eine Brutstätte für Aufruhr, Revolten und Widerstandsbewegungen gegen die römische Besatzung. Die Gründe dafür waren patriotischer, nationalistischer und wirtschaftlicher, aber auch religiöser Natur. Für die Mehrheit der zutiefst gläubigen Juden kam die Anwesenheit der Römer einer Entweihung des heiligen, von Gott an Abraham und Mose verheißenen Landes gleich und musste daher mit allen Mitteln bekämpft werden. Bis zur Zerstörung des Tempels im Jahr 70 n. Chr. lösten einander mehrere Statthalter ab. Unabhängig von ihrer mehr oder weniger feindseligen Haltung gegenüber der einheimischen Bevölkerung und von der Länge ihrer Amtszeit zeichneten sie sich allesamt durch die unbarmherzige Art aus, mit der sie jegliche Opposition gegen Rom mit Gewalt, Unterdrückung und Massenhinrichtungen zunichtemachten. Ihr primäres Ziel war Ruhe, und sei es eben auch eine Friedhofsruhe.

Und die Statthalter verfolgten ein zweites Anliegen: soviel Reichtum wie nur möglich anzuhäufen. Das war in der damaligen Zeit nicht außergewöhnlich, sondern für die Herrschaft der Römer in den von ihnen eroberten Gebieten geradezu typisch. Die Bevölkerung in den römischen Provinzen wurde wirtschaftlich ausgepresst, und möglicherweise wurde dieser wirtschaftliche Druck, der von den Besatzern ausging, im ärmlichen, von Landwirtschaft geprägten antiken Palästina noch schmerzhafter als Ausbeutung empfunden als anderswo. Besonders perfide war die Art der Besteuerung. Die römische Obrigkeit teilte das Land in Steuerbezirke, legte Beträge fest, die die Bezirke erbringen mussten, und verpachtete diese dann an einheimische Steuereintreiber. In der Regel sorgten die Steuereintreiber dafür, dass der von Rom festgesetzte Pachtzins pünktlich bezahlt wurde. Doch diese sogenannten *publicani* nutzten ihr Amt darüber hinaus meist schamlos dazu aus, persönlichen Profit daraus zu ziehen. Missbrauch und fehlende Kontrolle machten sie zu berüchtigten Herrschern in den Dörfern, die sie steuerlich verwalteten. Insofern überrascht es nicht, dass sie in den Evangelien und im Talmud als *Sünder* bezeichnet werden.

Juden und Römer lebten zwar in den gleichen Städten, sie gehörten aber parallelen Gesellschaften an. Gläubige Juden vermieden es, das Haus eines Römers zu betreten oder ihn gar zu berühren, denn die Römer waren für sie unrein. Man aß und trank auch nicht zusammen. Das hatte vorwiegend religiös-rituelle Gründe, wurde aus der Außenperspektive aber häufig als Ablehnung oder Überheblichkeit wahrgenommen, wie sich beispielsweise beim römischen Historiker Tacitus zeigt. Im fünften Buch seiner *Historie* schreibt er, dass die Juden »gegen alle Nichtjuden eine gehässige und feindselige Haltung« hätten. Was die Römer betrifft, so stammten nur wenige der Legionäre und Beamten, die in Judäa stationiert waren, ursprünglich aus Italien. Einige der Soldaten kamen aus Gallien oder Germanien. Die übergroße Mehrheit der Besatzungsmacht bestand allerdings aus Auxiliartruppen, die vorwiegend aus Männern zusammengesetzt waren, die man in Syrien oder Samarien, also in den Nachbarländern, angeheuert hatte. Zwischen ihnen und den Einheimischen gab es bereits historisch gewachsene Feindseligkeiten. Das kann ein Grund dafür gewesen sein, dass die Auseinandersetzungen zwischen diesen *Römern*, die ja eigentlich gar keine waren, sondern nur für Rom arbeiteten, und den Juden in der Regel besonders blutig und grausam ausgetragen wurden.

Das gilt insbesondere für die Zeit, als Tiberius Kaiser wurde. Sueton berichtet, dass dieser Kaiser den jüdischen Kult als Aberglauben betrachtete und daher abschaffen wollte. Vor allem aber reagierte er sehr empfindlich auf alle Verbrechen, die seine Autorität infrage stellten. Tiberius wollte wie ein Gott angebetet werden und wer sich dem widersetzte, wurde behandelt, als hätte er ein Kapitalverbrechen begangen. Und so galten im Judäa der damaligen Zeit Regeln, die den örtlichen jüdischen Autoritäten letztlich kaum mehr einen Einfluss zugestanden. Das *ius gladii*, das Recht, einen Kapitalprozess zu führen und die Todesstrafe zu verhängen, hatten die Römer dem lokalen Tempelgericht – Synedrion genannt – bereits 6. n. Chr. entzogen. Geordnete Prozesse nach den Vorschriften des römischen Rechtes fanden außerdem nur statt, wenn der Angeklagte ein römischer Bürger war. Bei Einheimischen und folglich auch bei Jesus konnten meist ebenso schnelle wie subjektive Entscheidungen eines höhergestellten Legionärs ausreichen, um einen Menschen dem Tod zu übergeben. Jesus wurde als einer der vielen *leistaì* (Aufrührer) hingerichtet, welche die Römer tagtäglich ans Kreuz nagelten – ohne viel darüber nachzudenken, aber mit der klaren Absicht, ein abschreckendes Exempel zu statuieren (→ S. 121-123).

An der Wahl der Tötungsmethode kann man im Nachhinein ablesen, ob ein Gefangener von Römern oder von Juden verurteilt wurde. Die Kreuzigung galt im ersten Jahrhundert nämlich als die klassische Methode, mit der die Römer eine Todesstrafe vollzogen und die besonders bei Räubern, Sklaven und Aufrührern zur Anwendung kam. Römische Bürger durften nicht auf diese Weise exekutiert werden, aber da Jesus kein römischer Bürger war, entstand daraus kein Problem. Wäre Jesus dagegen von der jüdischen Obrigkeit hingerichtet worden, hätte man ihn wahrscheinlich gesteinigt – wie Josephus Flavius es von Jakobus, dem Bruder Jesu, in den *Antiquitates* (20,200) berichtet –, enthauptet – wie Johannes der Täufer (Mk 6,21-29) – oder auf der Straße gelyncht.

Die Römer in der Passionsgeschichte

In den Erzählungen des Neuen Testamentes werden die Römer jedoch nicht nur als anonyme Macht dargestellt, nein, es werden auch einzelne konkrete Menschen, die diese Macht ausgeübt haben, herausgegriffen und porträtiert. So spielen die Legionäre, die dem *praefectus Iudaeae* Pontius Pilatus untergeordnet waren, in der Passionsgeschichte eine wichtige Rolle: bei der Gefangennahme Jesu (zumindest im Johannesevangelium), als Wächter vor seinem Grab, aber vor allem bei der Geißelung und Verspottung Jesu (→ S. 51), sowie natürlich bei der Kreuzigung (→ S. 120-123). Dass römische Soldaten die Vollstrecker der Todesstrafe waren, wissen wir nicht nur aus den Evangelien, sondern auch aus außerbiblischen Quellen. Anders als in Rom, wo entweder ein Magistrat mit dem *imperium* – also der Vollmacht, Todesurteile zu exekutieren – ausgestattet war oder man einen Berufshenker beschäftigte, war das Töten der Verurteilten in den Provinzen Angelegenheit der Soldaten. Das machte durchaus Sinn, denn diese führten in Judäa für gewöhnlich Aufgaben der Polizei aus.

Als historisch glaubwürdig kann auch die Strafe der Geißelung angesehen werden. Denn auch hier unterschieden die Römer nach Herkunft und Stand des Verurteilten (→ S. 63-64). Römische Bürger wurden in der Regel mit einer biegsamen Rute geschlagen, bei Soldaten führte man Körperstrafen mit harten Holzstöcken durch. Im Fall von Jesus wird hingegen ein *flagrum* oder ein *flagellum* verwendet. Dabei handelt es sich um ein Folterinstrument mit einem festen Griff, an dem mehrere Riemen oder Lederschnüre befestigt sind. Die Riemen sind an ihren Enden mit Blei beschwert und in die Riemen waren oft scharfe Holz- oder Knochenstücke eingeflochten. Geißelungen mit dem *flagrum* waren darum nicht nur sehr schmerzhaft, sie verursachten auch tiefe Wunden und oft einen hohen Blutverlust. Sowohl das Johannesevangelium *(mastigóo)* als auch das Matthäus- und das Markusevangelium *(fragellóo)* beziehen sich eindeutig auf eine solche Form der Auspeitschung, welche im römischen Recht *ad libitum*, also nach dem Gutdünken der Schergen, ausgeführt werden konnte. Die römische Praxis war um einiges brutaler als die jüdische. Allerdings berichtet selbst Josephus, dass er in seiner Rolle als Militärführer in Galiläa einige jüdische Mitbürger hatte geißeln lassen, »bis die Eingeweide bloßlagen«. Er agierte somit nicht wesentlich humaner als der Statthalter Albinus, der – wie ebenfalls im *Bellum Judaicum* überliefert wird – einen Gefangenen »bis auf die Knochen« auspeitschen ließ.

Wann die Tortur jedoch an Jesus vollzogen wurde, bleibt in den Darstellungen der Evangelien unklar. Im Markus- und Matthäusevangelium wird die Geißelung als Begleitstrafe zur Kreuzigung beschlossen, ob und wann sie durchgeführt wurde, erfährt man nicht. In der johanneischen Tradition dagegen wird Jesus im Lauf des Verhörs ausgepeitscht (→ S. 101-102). Angeblich hat Pilatus auf diese Weise die jüdischen Ankläger besänftigen und die Kreuzigung umgehen wollen. Ein solcher Trick scheint rückblickend aber nicht besonders realistisch. Denn Pilatus hatte so viel mehr Macht als die jüdische Obrigkeit, dass er mit Jesus hätte verfahren können, wie auch immer es ihm beliebte, ohne auf die Meinung bzw. die Emotionen des Volkes und dessen religiösen Anführer hören zu müssen (→ S. 62-65). Es ist daher davon auszugehen, dass dieser Teil der Erzählung dem Bemühen des Johannesevangeliums geschuldet ist, den römischen Präfekten auf Kosten der Juden zu entlasten. Die Schilderung des Johannesevangeliums dürfte also nicht historisch sein. Dass es aber zu einer Geißelung gekommen ist, gilt heute weitgehend als unumstritten. Es war römische Praxis, Gefangene vor ihrer Kreuzigung auf diese Weise zu quälen.

Glaubwürdig sind auch die Dornenkrone und der rote Mantel, die man verwendete, um Jesus zu verhöhnen. Berichte von derartigen von Soldaten durchgeführten Spotthandlungen finden sich auch bei Philo und Strabo. Für die Krone hat man vermutlich die Äste eines Ziziphus-Strauches verwendet, einer Pflanze aus der Familie der Kreuzdorngewächse, die heute noch in Palästina und Israel heimisch ist. Ihre Zweige sind biegsam und die Ästchen lassen sich, wenn man geschickt ist, sehr gut bearbeiten. Der rote Mantel dürfte schlicht und einfach ein römisches *segum* gewesen sein, wie es zur Bekleidung der Offiziere gehörte. Sehr wahrscheinlich haben die Soldaten Jesus tatsächlich verspottet, angespuckt und geschlagen. Denn als zum Tod Verurteilter hatte er den Status einer Person und damit jeglichen Rechtsanspruch verloren. Die Soldaten konnten an solchen Männern Wut, Frustration und sadistische Neigungen hemmungslos ausleben, ohne dass sie irgendjemand dafür zur Rechenschaft gezogen hätte.

Wie viele Peitschenhiebe Jesus schlussendlich erhielt, kann man heute nicht mehr rekonstruieren. Das spätere jüdische Recht setzte bei 39 Schlägen eine Grenze, wie Paulus in 1 Kor 11,24 betont: dreizehn auf die Brust und jeweils dreizehn auf beide Schultern. Das römische Recht kannte eine solche Grenze nicht. »*Ecce homo*« wird in der lateinischen Übersetzung der Bibel Pilatus jedenfalls im Johannesevangelium zitiert (Joh 19,5), nachdem der ausgepeitschte, mit einer Dornenkrone und dem roten Mantel bekleidete Jesus vor die versammelte Menge geführt wird. Diese literarische Gestaltung einer wohl nicht historischen Szene bringt den Spott des Pilatus über die anwesenden Repräsentanten der Tempelaristokratie zum Ausdruck: Sie hatten Jesus für seinen (vermeintlichen) Königsanspruch anklagen wollen, nun aber zeigt sich vor aller Augen, dass dieser Jesus nicht mehr ist als ein gedemütigter und ohnmächtiger Mensch.

Irgendwann wird Jesus den Soldaten übergeben, damit diese die Todesstrafe vollziehen. Dass Urteil, Folter und Hinrichtung unmittelbar aufeinanderfolgten (Mk 15,20; Mt 27,31), entsprach der damaligen Praxis und hatte einen zynischen Sinn: Der durch die Geißelung geschwächte Verurteilte konnte die Qualen der Kreuzigung weniger lang ertragen. Er starb einfach schneller, sodass die Soldaten, die Wache stehen mussten, schneller Feierabend hatten und in ihr Quartier zurückkehren konnten. Zusätzlich geschwächt wurden die Delinquenten noch dadurch, dass man sie den Querbalken des Kreuzes selbst tragen ließ. Die Soldaten führten den Zug der Verurteilten an und agierten dabei als *exactores mortis*, als Vollstrecker des Todes, weshalb sie auch – wie im Fall von Jesus – einen beliebigen Passanten verpflichten konnten, den Gefangenen zu Hilfe zu kommen und mit ihnen gemeinsam oder an ihrer statt den Balken zu schleppen (→ S. 133-134).

Am Richtplatz angekommen, machten sie sich ans Werk. Bevor die vier Soldaten – denn zumindest im Johannesevangelium heißt es, sie seien zu viert gewesen – Jesus kreuzigten, würfelten sie um seine Kleidung. Sie dürften dabei kein schlechtes Gewissen gehabt haben, denn nach römischem Recht gehörten die *spolia* bzw. die *pannicularia*, also die Kleidung der Verurteilten, ihnen. Erst Kaiser Hadrian sollte ein knappes Jahrhundert später einen Erlass zur Besteuerung dieses Einkommens beschließen und die Soldaten seiner Truppen damit ziemlich verärgern.

Das Markus-, das Matthäus- und das Johannesevangelium berichten in der Folge von einer weiteren Handlung, die dem Geschehen auf Golgotha zusätzliche historische Glaubwürdigkeit verleiht: Als Jesus über Durst klagt, reicht ihm ein Soldat einen auf einem Stab befestigten Schwamm, den er zuvor mit dem traditionellen Getränk der römischen Legionen getränkt hatte. In den griechischen Originalfassungen der Evangelien werden unterschiedliche Begriffe für diese Flüssigkeit verwendet. So oder so handelt es sich aber eindeutig um den *posca*, einen mit Wasser verdünnten Essigwein, der jahrhundertelang zur Standardverpflegung römischer Legionäre gehörte.

Unmittelbar nachdem Jesus getrunken hat, stirbt er. Die Männer, die seinen Tod herbeigeführt haben, waren römische Legionäre. Daran besteht kein Zweifel. Und doch berichten alle vier Evangelien von einem Soldaten, der eine auffällig positive Rolle spielt. Er dürfte der Kommandant jener kleinen Truppe gewesen sein, welche die Hinrichtungen durchgeführt hat, vielleicht ein Zenturio. Nach dem Tod Jesu bekennt er, dass dieser »der Sohn Gottes« (Mk 15,39; Mt 27,54) bzw. »ein Gerechter« (Lk 23,47) gewesen sei. Im Johannesevangelium ist dieser Soldat auch derjenige, der mit einem Lanzenstoß den Tod des Verurteilten feststellt. Dabei handelt es sich um ein interessantes Detail, das als Hinweis auf die Historizität des Berichts gedeutet werden kann. Die im griechischen Text vorkommende *lónke* war sehr wahrscheinlich eine *hasta*, also eine Lanze mit einer Eisenspitze, die klassische Waffe der römischen Auxiliartruppen in Judäa.

Das apokryphe *Nikodemusevangelium* und die einige Jahrhunderte später verfasste *Legenda Aurea* kennen sogar den Namen des Soldaten. Er hieß Longinus und wird heute als Heiliger verehrt. Glaubt man Johannes Chrysostomos, starb er selbst schließlich als Märtyrer. Seine Lanze geriet zunächst in Vergessenheit, tauchte dann aber – zusammen mit vielen anderen Reliquien (→ S. 185-195) – im Mittelalter wieder auf und gehörte von da an – ebenso wie Kaiserkrone, Reichskreuz, Reichsschwert und Reichsapfel – zu den Herrschaftsinsignien des Heiligen Römischen Reiches Deutscher Nation. Das Metallstück, das heute noch in Wien aufbewahrt wird, ist zwar sehr alt – nämlich karolingischen oder langobardischen Ursprungs, wie neue Untersuchungen belegen –, aber nicht so alt, dass es auf Golgotha hätte dabei sein können.

* * *

Das Bild, das in der Passionsgeschichte von den römischen Soldaten gezeichnet wird, ist durchweg plausibel. Sehr wahrscheinlich spiegeln die Evangelien eine komplexe Dynamik wider, innerhalb derer die Protagonisten nicht nach einem vorgegebenen Muster gehandelt, sondern unterschiedlich agiert und reagiert haben. Neben einigen wenigen Offizieren, die aus dem heutigen Italien stammten, waren die meisten *Römer*, die damals in Judäa lebten und arbeiteten, Hilfssoldaten, die in Samarien oder Syrien rekrutiert worden waren und eine feindselige Haltung gegenüber den Juden hatten. Daher ließen sie wohl auch kaum eine Gelegenheit aus, die einheimische Bevölkerung zu schikanieren. Das belegen viele kleine Episoden und kurze Randbemerkungen in der Passionsgeschichte. Der Zenturio, der nach dem Tod Jesu dessen Gottessohnschaft bekennt, ist historisch gesehen am wenigsten glaubwürdig. Möglicherweise lässt sich seine (fiktive) Gestalt als ein weiterer Versuch deuten, die Römer, die Jesus de facto getötet haben, besser davonkommen zu lassen. Kompositorisch und literarisch passt Longinus dennoch sehr gut in die uns heute vorliegende Fassung der Erzählung.

8.

Maria und die anderen Frauen

Im siebten Kapitel des Nikodemusevangeliums ist von einer Frau namens Berenike die Rede, die im Prozess gegen Jesus bezeugt, dass sie an Blutfluss gelitten habe und von Jesus geheilt worden sei. Damit will sie ihn entlasten und möglicherweise dazu beitragen, dass er freigelassen wird. Die Juden akzeptieren ihr Zeugnis aber nicht, und zwar deshalb, weil sie eine Frau ist. Was sie erzählt, ist für die Menschen, die im 4. Jahrhundert die Evangelien lasen, eine bekannte Geschichte. Die Erzählung von der von Jesus geheilten blutflüssigen Frau kommt in allen drei synoptischen Evangelien vor – allerdings, ohne dass ihr Name genannt wird. Die spätere Tradition schmückt die ursprünglich eher unspektakuläre Geschichte aus, in der lateinischen Übersetzung des Nikodemusevangeliums wird schließlich auch der Name der Frau verändert und aus Berenike wird Veronica.

Zumindest in einer populären Etymologie – es wären natürlich auch andere Interpretationen möglich – wird dieser Name auf die Wörter *vera* (lateinisch für *echt, wahrhaftig*) und *eikón* (griechisch für *Abbild*) zurückgeführt. Veronica wird so zu der Frau, die aus dem Blut Jesu sein *wahres Abbild* angefertigt hat. Die im Hintergrund dieser Verwandlung stehende Geschichte und auch die dazu passende Reliquie (→ S. 185-195) gehen deutlich über das ursprünglich in den Evangelien erzählte Heilungsgeschehen und das Zeugnis der Frau hinaus. Der Fokus richtet sich nun auf den Weg zur Richtstätte, auf dem Veronica Jesus begleitet und sein schweiß- und blutüberströmtes Gesicht mit einem Leinentuch getrocknet haben soll. Kurz darauf vollzieht sich das Wunder: Im Stoff hat sich das Gesicht Jesu eingeprägt, und als die Frau das Tuch dreimal übereinanderfaltet, ist das Antlitz Jesu plötzlich dreifach zu sehen. Der Stoff wurde in der Folge zerschnitten, sodass ein Stück in Jerusalem bleiben, das zweite nach Spanien und das dritte nach Rom gebracht werden konnte, wo es in einer kleinen Kapelle im Petersdom aufbewahrt und jedes Jahr am vorletzten Sonntag vor Ostern nach der Vesperliturgie heute noch den Gläubigen gezeigt wird.

Dass dieses Tuch wie all die anderen auf der ganzen Welt verbreiteten Schweißtücher mit dem Gesicht Jesu allesamt Fälschungen aus dem Mittelalter oder sogar nur Kopien dieser Fälschungen sind, gilt zumindest in der Wissenschaft heute als unbestritten. Für die theologische Aussage der Legende ist das letztlich aber irrelevant. Wichtig ist vielmehr, dass in dem Moment, als die männlichen Jünger ihren Meister längst im Stich gelassen haben, eine Frau – mag sie nun Berenike oder Veronica geheißen haben – treu und mutig an seiner Seite geblieben ist. Mehr noch: Sie war nicht die einzige Frau, die Jesus zum Kalvarienberg begleitet hat und so ist es vielleicht auch kein Zufall, dass es schlussendlich Frauen sein werden, die den Auferstandenen am Ostersonntag als Erste sehen (→ S. 161-163).

Die Nebendarstellerinnen der Passionsgeschichte

Im ersten Teil des Nikodemusevangeliums wird ausführlich vom Prozess bei Pilatus berichtet, was dem Text den Beinamen *Acta Pilati* (Pilatus' Akten) eingebracht hat. Hier tritt zum ersten Mal eine Nebendarstellerin in der Passionsgeschichte mit ihrem Eigennamen in Erscheinung, die zugunsten von Jesus interveniert: Procula, die Frau des Pilatus. Im 17. Jahrhundert wurde ihr Name vom spanischen Jesuitenpater Jerónimo Román de la Higuera, der sich selbst als Historiker sah, de facto aber ganz und gar nicht historisch arbeitete, ergänzt und sie hieß von nun an Claudia Procula. Beide Namen sind fiktiv, als Gestalt kommt die – dort nicht namentlich genannte – Frau des Pilatus im Matthäusevangelium aber sehr wohl vor. Sie lässt ihrem Mann ausrichten, dass sie einen schrecklichen Traum hatte, und bittet ihn, Jesus daher nicht zu verurteilen (Mt 27,19).

Vor dem zeithistorischen Hintergrund ist ein solcher Auftritt alles andere als selbstverständlich. Denn es war in der damaligen Zeit nicht üblich, dass ein römischer Beamter (→ S. 55-62), der in eine der Provinzen entsandt wurde, seine Frau mitnehmen durfte. Wenige Jahre zuvor hatte Aulus Caecina Severus, ein erfolgreicher General des Tiberius, sogar ausdrücklich bestimmt, dass die Provinzverwalter ihren Dienst ohne ihre Gattinnen antreten mussten, vermutlich um zu vermeiden, dass sie sich durch ihr Familienleben von der Provinzverwaltung ablenken ließen. Auch Tacitus kennt diese Vorschrift, berichtet im dritten Buch der *Annales* aber davon, dass vom römischen Senat immer wieder Ausnahmen genehmigt wurden.

Was Pilatus betrifft, so wissen wir, dass er verheiratet war, und es wäre vorstellbar, dass seine Frau mit ihm in Caesarea am Meer wohnte, wo der offizielle Amtssitz des Präfekten lag. Ob sie mit nach Jerusalem gereist ist, scheint eher fraglich – noch dazu in einer Situation, die auch für Pilatus nicht ungefährlich war, musste man, gerade während des Passahfestes, doch jederzeit mit

Unruhen rechnen. Noch weniger realistisch ist, dass sie in der Öffentlichkeit in Erscheinung tritt und sich – motiviert durch einen Traum – in die politischen Geschäfte ihres Mannes einmischt. Es ist nun aber so, dass das Matthäusevangelium sehr gerne mit Träumen arbeitet, und zwar immer dann, wenn eine göttliche Botschaft überbracht werden soll. Bekannt sind den meisten die Träume, von denen Matthäus im Umfeld der Geburt von Johannes dem Täufer oder vom kleinen Jesus erzählt. Sie bieten keine Informationen von historischem Wert, sondern sind ein literarischer Trick, der im Fall der Claudia Procula noch zu heftigen Streitigkeiten führen sollte. Ambrosius und Johannes Chrisostomos sahen in diesem Traum nämlich das Eingreifen Gottes, der seinen Sohn retten wollte. Beda Venerabilis, Anselm von Canterbury und (später) auch Martin Luther interpretierten ihn dagegen als teuflische Eingebung. Der Satan habe ihnen zufolge auf diese Weise den Tod Jesu, der immerhin zur Erlösung der Menschen notwendig gewesen sei, verhindern und somit den Heilsplan Gottes für die Menschheit zerschlagen wollen.

Dennoch hat sich die Frau des Pilatus in der Tradition mit ihrem Auftreten durchaus Lorbeeren verdient. Bereits Origenes lobt sie für ihre Frömmigkeit und ist sich ganz sicher, dass die aus christlicher Sicht eigentlich ungläubige Römerin ins Paradies aufgenommen wurde. Das Nikodemusevangelium geht noch einen entscheidenden Schritt weiter und macht die Frau des Pilatus zu einer frommen Christin bzw. stilisiert sie zum Idealbild einer solchen. Schlussendlich wurde bzw. wird sie von der katholischen Kirche als Heilige verehrt und tritt damit in die Fußstapfen der Veronica, alias Berenike, die ebenfalls als Heilige gilt. Die beiden Begebenheiten zeigen Frauen, die sensibler sind als die Männer um sie herum, und zwar zum einen, was das Wahrnehmen und Begreifen (Claudia Procula) betrifft, zum anderen, wenn es darum geht, empathisch zu reagieren und einem Menschen in Not beizustehen (Veronica).

Insofern überrascht es auch nicht, dass ein in den Evangelien nur am Rande erwähnter Aspekt des menschlichen Lebens fest mit dem Auftreten von Frauen verknüpft ist: die Gerüche. Zunächst lässt sich feststellen, dass die Erzählungen in dieser Hinsicht sehr spärlich sind. Weder der Duft frischgebackener Brote, noch der Geruch der salzigen Luft am Toten Meer oder der Duft des Weihrauchs im Tempel werden in der Bibel explizit erwähnt. Nur eine einzige Stelle – die auf unterschiedliche Weise in allen vier Evangelien vorkommt – handelt von Gerüchen: Das Markus- und das Matthäusevangelium erzählen, dass Jesus den Jüngern seinen Tod bereits zwei Tage zuvor vorausgesagt hat. Diese zeigen allerdings keine große Reaktion. Und während im Palast des Hohepriesters eine Entscheidung gegen Jesus getroffen wird, begibt sich dieser nach Bethanien, einem Vorort von Jerusalem, wo er seinen Freund Simon besucht, der einmal an Aussatz gelitten hatte. Was sich hier abspielt, erscheint zunächst verwirrend. Als Jesus mit andern im Haus des Simon zu Tisch liegt, kommt eine Frau, die ihm eine recht große Menge Duftöl über den Kopf gießt.

Das Johannesevangelium erzählt die Geschichte etwas anders. Hier salbt die Frau Jesus die Füße und verwendet dafür nach Auskunft des Evangeliums etwa ein Pfund Flüssigkeit, was in etwa 0,3 Litern entspricht, bevor sie das kleine Behältnis aus Alabaster, in dem sich das Öl befand, zerbricht. Ihr Verhalten wird von Judas, einem der Jünger Jesu, als Verschwendung getadelt, was ihn aber in ein schlechtes Licht rücken lässt.

Die Tradition des Markusevangeliums ist aber älter und, da sie mit weniger zusätzlichen literarischen Motiven angereichert ist, ursprünglicher. Am Beginn der Tradition erzählte die Geschichte also, dass die Frau Öl auf das lange Haar und den Bart Jesu gab und es dort einmassierte. Einig sind sich die Evangelien dabei darin, dass es sich um eine kostbare Flüssigkeit gehandelt hat, weshalb die bzw. manche der Anwesenden auch empört reagierten angesichts des aus ihrer Sicht verschwenderischen Umgangs der Frau mit dieser Kostbarkeit.

Aber: Bildet die Geschichte ein historisches Ereignis ab? Es muss als eher unwahrscheinlich gelten, dass es kurz vor der Kreuzigung Jesu zu einer solchen Begebenheit gekommen ist. Laut dem Markusevangelium stammte das dickflüssige Öl nämlich von der Narde, einer in der Gegend heimischen Heilpflanze. Diese ist für ihren intensiven Duft bekannt, eine Mischung aus Lavendel, Salbei, Rosmarin mit einer leichten Tannen-Note. Eine derart starke Parfümierung wurde von gewöhnlichen Menschen im Alltag aber nicht verwendet, sondern lediglich bei besonderen Anlässen wie bei der Salbung eines Königs anlässlich seiner Inthronisation oder beim Einbalsamieren des Leichnams einer wichtigen Persönlichkeit. Wenn die Haare und der Bart Jesu mit dem Öl imprägniert worden wären, hätte der Geruch des Duftöls von den Soldaten bei der Gefangennahme, der Geißelung und schließlich der Hinrichtung wahrgenommen werden müssen. Sie hätten darüber ohne Zweifel gespottet. Da davon aber nichts berichtet wird, kann man davon ausgehen, dass es eine solche Salbung tatsächlich nie gab. Natürlich könnte man argumentieren, dass sich Jesus inzwischen eben gewaschen habe, aber dieses Argument vermag nicht wirklich zu überzeugen. Denn in der ohnehin wasserarmen Gegend ist es gerade zu einem Zeitpunkt, da Jerusalem mit Pilgern überfüllt war, sehr unwahrscheinlich, dass Jesus so viel Wasser zur Verfügung gehabt hat, den intensiven Geruch des in sein Haar und den Bart eingearbeiteten Öls auszuwaschen, noch dazu wenn man bedenkt, dass ausgiebiges Baden und aufwändige Körperpflege nicht gerade zum täglichen Ritual eines Wanderpredigers gehört haben dürften. Offensichtlich ist dagegen der symbolische Charakter der Handlung jener Frau, die im Johannesevangelium später mit Maria, der Schwester von Lazarus, identifiziert wird: Jesus wird durch die Salbung in gewisser Weise für die Grablegung vorbereitet, welche sich im Tun der Frau ankündigt.

Auch die *Frauen von Jerusalem*, die von Jesus auf dem Weg zu seiner Richtstätte eine Unheilsprophetie erhalten, gehören zu den Nebendarstellerinnen in der Passionsgeschichte. Im monotonen Alltag der einfachen Menschen war eine Kreuzigung samt dem dazugehörigen Zug von Verurteilten und Soldaten bestimmt eine Abwechslung (→ S. 133-134). Die Gassen waren in der ohnehin überfüllten Stadt wohl voll mit Schaulustigen, wie man im Lukasevangelium erfährt. Und dieses Publikum hat dem Geschehen nicht nur stumm und andächtig zugesehen, sondern lautstark seine Meinung kundgetan, die Verurteilten verspottet, sie mit Steinen und anderen Gegenständen beworfen oder aber – je nach der eigenen Einstellung – mit Wasser versorgt und sich über ihr Schicksal empört. Insofern hat es durchaus zu einem kurzen Wortwechsel zwischen Jesus und den klagenden Frauen kommen können. Für einen langen, literarisch kunstvoll strukturierten Monolog, wie er Jesus im Lukasevangelium (Lk 23,28-31) jedoch in den Mund gelegt wird, dürfte er tatsächlich bereits zu schwach gewesen sein, weshalb die gesamte Szene vermutlich eine Einfügung der frühchristlichen Tradition sein dürfte.

Eine junge, namenlose Frau wird in der Passionsgeschichte dem Petrus beinahe zum Verhängnis. Das Johannesevangelium spricht von einem jungen Mädchen, das als Pförtnerin im Hause des Hohepriesters Hannas arbeitete. Zuerst ist sie wohlwollend, gewährt Petrus Einlass in den Hof. Doch als sich der, vielleicht mit einem Wort des Dankes, an sie wendet, erkennt sie an seinem Akzent, dass er aus Galiläa stammt. Sie konfrontiert ihn mit ihrem Verdacht, dass er ein Jünger Jesu sei, und provoziert damit die erste der drei Lügen des Petrus, der genau das vehement abstreitet und damit *beweist*, dass er nicht stark genug ist, seinem Meister treu zu bleiben.

Die junge Pförtnerin und die Episode von der Verleugnung durch Petrus gelten heute als historisch. Ein wichtiger Grund dafür ist die sogenannte *lectio difficilior*, von der wir schon gehört haben und die festhält, dass von mehreren Lesarten diejenige die ursprünglichere ist, welche die problematischste ist. Und problematisch ist die Szene im Hof auf jeden Fall, denn sie stärkt die Autorität des Petrus nicht, sondern schwächt diese.

Die Jüngerinnen Jesu und die Leidensgeschichte

Vor allem das Lukas- und das Markusevangelium erzählen darüber hinaus von den Frauen, die Jesus als Jüngerinnen folgten und Zeuginnen seines Leidens und Sterbens wurden. Die Evangelien kennen zum Teil sogar die Namen dieser Frauen, die möglicherweise den ersten Adressaten der Evangelien noch bekannt waren. Aber obwohl insgesamt drei Namenslisten überliefert sind, kann man heute nicht mehr mit Sicherheit sagen, wie viele Frauen sich im Gefolge Jesu befanden. Alle vier Evangelien zeigen aber eindrucksvoll, dass die männlichen Jünger Jesus bei der Gefangennahme bzw. spätestens nach dem Todesurteil verlassen haben, während die Frauen bei ihm geblieben sind. Übereinstimmend berichten sie, dass Maria aus Magdala, die Jesus bereits in Galiläa begleitet hatte und ihm nach Jerusalem gefolgt war, eine von ihnen war. Sie war dabei, als Jesus starb und ins Grab gelegt wurde, sie war die Erste, die das leere Grab entdeckte, und – zumindest im Matthäus- und Johannesevangelium – auch die Erste, der sich der auferstandene Jesus zeigte (→ S. 161-166). Im Matthäus- und im Markusevangelium werden außerdem Maria, die Mutter von Jakob und Josef, und die Mutter der Zebedäussöhne (Matthäusevangelium) erwähnt, die möglicherweise Salome hieß (Markusevangelium). Weiterhin kennt das Lukasevangelium eine Johanna, Frau des Chuza, eines Verwaltungsbeamten des Herodes, sowie eine nicht näher identifizierte Susanna. Das Johannesevangelium schließlich nennt die Mutter Jesu, ihre Schwester sowie eine dritte Maria, Frau des Klopas. Sicher ist, dass all diese Frauen aus Galiläa stammten.

Die älteste Quelle, das Markusevangelium, definiert ihre Rolle mithilfe von zwei Verben: *akolouthéo* (nachfolgen) und *diakonéo* (dienen). Auf der einer Seite also folgten sie Jesus nach und zogen mit ihm von Dorf zu Dorf, auch wenn sie nicht namentlich berufen worden waren wie die Zwölf (→ S. 17-20). Dass die Jesus-Gruppe auch aus Frauen bestand, musste in der damaligen jüdischen Gesellschaft als Ärgernis wahrgenommen werden. Denn das Studium der Torah, wie es Jesus mit seinem Gefolge und in seinen Predigten betrieb, war allein den Männern vorbehalten. Das Dienen der Frauen bezieht sich in den Evangelien sehr wahrscheinlich auf eine logistische und – zum Teil – wirtschaftliche Unterstützung der Jesusbewegung. Nicht nur Maria von Magdala war wohlhabend (Lk 8,2), sondern auch die Frau des Zebedäus, der wahrscheinlich einen Fischereibetrieb besaß, sowie Johanna, die als Frau eines hohen Beamten Zugriff auf Vermögen hatte. Gemeinsam mit den anderen waren sie dafür zuständig, dass die Gruppe täglich mit Essen versorgt wurde und idealerweise auch ein Dach über dem Kopf hatte.

Obwohl sich die Frauen gegenüber den Soldaten natürlich in einer noch schwächeren Position befanden als die männlichen Jünger, beobachteten sie die Kreuzigung der synoptischen Tradition zufolge zumindest aus der Ferne – *apò makróthen* im griechischen Original –, die männlichen Anhänger Jesu dagegen machten sich allesamt aus dem Staub.

Einen Akzent setzt das Johannesevangelium, das von einer ganz besonderen Frau erzählt, die sich bis zum Fuß des Kreuzes durchgeschlagen haben soll: seine Mutter Maria. Dieses Bild ist in der christlichen

Kunst weitverbreitet und auch die Konzilsväter haben noch während des Zweiten Vatikanischen Konzils in der Konstitution *Lumen Gentium* auf der Gegenwart Marias unter dem Kreuz bestanden. Aus der Sicht eines Bibelhistorikers muss man hier aber eher skeptisch sein.

Zunächst handelt es sich bei dieser Geschichte um eine Tradition, die nur das Johannesevangelium kennt. Das generell an der Person der Maria deutlich mehr interessierte Lukasevangelium lässt sie hingegen erst zu Pfingsten in Jerusalem wieder in Erscheinung treten. Am 15. Nisan des Jahres 30 war Maria jedenfalls schon eine alte Frau. Es ist daher schwer vorstellbar – und wird auch nirgends erwähnt –, dass sie gemeinsam mit Jesus und seinem Gefolge durch das Land gezogen sein soll. Auch in den Ostertexten gibt es keine Hinweise auf ihre Anwesenheit. Warum sonst hätte Maria von Magdala als Erste zum Grab gehen sollen und nicht Maria, die Mutter Jesu? Warum kommt es im Johannesevangelium zu einer Begegnung zwischen dem auferstandenen Jesus und Maria aus Magdala, aber nicht zwischen ihm und seiner eigenen Mutter? Tatsächlich scheinen alle Indizien – vor allem auch das plötzliche Auftauchen des Jakobus, eines älteren Bruders und künftigen Ko-Leiters der Gemeinde von Jerusalem – darauf hinzudeuten, dass die Familie Jesu, sehr wahrscheinlich Maria eingeschlossen, erst nach der Verbreitung des Auferstehungsglaubens Galiläa verlassen und sich der Jerusalemer Gemeinschaft angeschlossen hat.

* * *

Das Bild von Maria, die gemeinsam mit dem Jünger, den Jesus liebte, und den anderen Frauen unter dem Kreuz ausharrt, hat die christliche Ikonographie, Kunst und Frömmigkeit über 2000 Jahre stark geprägt. Der historischen Quellenauswertung hält es allerdings nicht stand. Daher wird es sich bei dem berühmten Doppelwort Jesu am Kreuz, in dem er seine Mutter dem Lieblingsjünger anvertraut und umgekehrt, auch eher um eine früher getroffene testamentarische Vorkehrung zur Vorsorge seiner Mutter gehandelt haben (→ S. 143-144). Was allerdings sehr wohl auf historischen Tatsachen beruhen dürfte, ist, dass es vor allem Frauen waren, die Jesus in den letzten Stunden seines Lebens beistanden. Sieht man von der namenlosen Pförtnerin im Haus des Hannas ab, spielte keine dieser Nebendarstellerinnen eine negative Rolle. Und wenngleich die Bedeutung von Frauen in den Texten der damaligen Zeit – und noch über viele weitere Jahrhunderte hinweg – für gewöhnlich tunlichst ausgeblendet wurde, erhalten die Frauen, die Jesus treu begleitet haben, zumindest in den Evangelien die ihnen gebührende Wertschätzung: Sie sind die Ersten, denen sich der auferstandene Jesus zeigen wird (→ S. 161-164).

9.

Ein Gekreuzigter am Berg Golgotha

Mehr als zweitausend Jahre christliche Tradition haben das Kreuz zu einem Symbol der Rettung und Erlösung gemacht. Man trägt es als Halskette, als Ohrring, naturalistisch mit dem Körper des Gekreuzigten oder stilisiert. Zumindest in den Alpen ist das Kreuz von den Berggipfeln kaum mehr wegzudenken, es boomt als Motiv bei Tätowierungen, kann in Schulen, Krankenhäusern und anderen öffentlichen Gebäuden aber auch als Ärgernis wahrgenommen werden. Denn während das Kreuz für Christen die Gegenwart und den Schutz Gottes zum Ausdruck bringt, kann man in ihm natürlich auch ein Zeichen für einen – zuweilen auch mit brutalen Mitteln – behaupteten Machtanspruch der christlichen Kirchen sehen. Gleich wie die religiösen Symbole von Judentum und Islam kann natürlich auch das zur Schau gestellte Kreuz als Vereinnahmung von Andersgläubigen empfunden und daher abgelehnt werden. Kurzum: Der Diskurs um das Kreuz ist mit ganz unterschiedlichen Haltungen und Emotionen aufgeladen.

Das war nicht immer so. Vielmehr sind die Ursprünge des Kreuzes eindeutig und banal. Um das Jahr 40 n. Chr. etwa verfasste der stoische Philosoph Seneca eine Trostschrift an eine adelige Römerin, mit der er befreundet war und die ihr Kind verloren hatte. Darin beschreibt er unter anderem, wie die Römer das Kreuz als Tötungsmittel eingesetzt haben: »Dort erblicke ich Marterhölzer, und zwar nicht von *einer* Art (...). Einige hingen die Leute mit zur Erde gekehrtem Kopfe auf, andere trieben den Pfahl durch Schamteile, andere noch dehnten die Arme am Querbalken aus.« Wenige Jahre später bestätigt Josephus die Aussage Senecas, wenn er schildert, mit welchen Maßnahmen die römischen Soldaten gegen die jüdischen Gefangenen vorgegangen sind: »In ihrer Erbitterung nagelten die Soldaten die Gefangenen zum Hohn in den verschiedensten Körperlagen an.«

Anders als heute war das Kreuz für die Menschen in der Zeit, als die Evangelien entstanden sind, ausschließlich ein Zeichen des Schreckens. Von daher versteht man auch, warum sich in der Passionsgeschichte eine gewisse Zurückhaltung, ja Scheu findet, die Hinrichtungsart Jesu näher zu beschreiben. Das Markusevangelium verliert überhaupt nur vier Wörter: »und sie kreuzigten ihn« (Mk 15,24). Vielleicht auch, weil das Geschehen einfach zu grausam war, um mithilfe der Sprache dargestellt zu werden.

Die Kreuzigung als Todesstrafe

Doch was lässt sich rückblickend über die Kreuzigung herausfinden? Die vielleicht erste Erwähnung stammt aus dem fünften vorchristlichen Jahrhundert. Damals berichtete der griechische Historiker Herodot von einer neuen Hinrichtungsart, die er bei den Medern und Persern beobachtet hatte. Der von ihm gebrauchte Begriff *staurós* (Pfahl) lässt allerdings vermuten, dass es sich um eine Art der Pfählung handelte. Laut Herodot wurden die Verurteilten nämlich mit einem Holzbalken aufgespießt und an ihm festgenagelt. Verbrecher, die zur Bestrafung an Brettern angenagelt und bloßgestellt wurden, tauchen erst im alten Griechenland auf. Mit den Eroberungszügen von Alexander dem Großen breitete sich die Strafe des Annagelns von Gliedmaßen an einen Baum oder an einen im Erdboden befestigten Pfahl bis in den Nahen und Mittleren Osten aus. Berichten zufolge wurden dafür auf bestimmten Hinrichtungsplätzen eigens aufgestellte Pfähle verwendet.

Schließlich waren es aber die Römer, welche die Kreuzigung sowohl als Hinrichtungsart, als auch als Folter maßgeblich weiterentwickelten. Sie hatten diese im Zuge der Kriege gegen Karthago kennengelernt und schnell ihr technisches Genie darangesetzt, entscheidende *Verbesserungen* vorzunehmen. Das römische *crux* (Kreuz) war nun ein senkrecht im Boden befestigter Pfahl, auf dem ein Querbalken (*patibulum*) angebracht war, den der Verurteilte in der Regel selbst zur Richtstätte tragen musste. Dieser Querbalken wurde entweder an der Spitze des Pfahls (*crux commissa*) aufgesteckt oder etwas weiter nach unten versetzt (*crux immissa*). Manchmal wurden die Füße des Verurteilten nicht eigens am Längsstamm fixiert, sondern man ließ den Delinquenten auf einem schmalen Pflock sitzen. Auf diese Weise wurde der unvermeidliche Erstickungstod hinausgezögert und die Qualen entsprechend ausgedehnt. Wenn die Füße aber angenagelt wurden, konnte der Verurteilte sich auf die Nägel stützen, sich ein wenig aufrichten und etwas besser atmen. Um diese unter Umständen mehrere Tage andauernde Folter schneller zu beenden, versuchten Angehörige, sofern sie es sich leisten konnten, den Henker zu bestechen. Der brach dem Gekreuzigten dann die Beine – das sogenannte *crucifragium* –, sodass dieser sich nicht mehr aufrichten konnte und schneller verstarb. Der Leichnam blieb meist als Beute für Wildtiere oder bis zur vollständigen Verwesung am Kreuz hängen, die Überreste wurden schließlich in einem Massengrab entsorgt. All das muss so schrecklich gewesen sein, dass keiner der römischen Historiker, die sich mit dem Thema beschäftigen – Tacitus, Sueton, Cassius Dio usw. – bei ihren Beschreibungen viele Details preisgaben. Daher gibt es auch heute noch Wissenslücken, die sich wohl auch nicht mehr schließen lassen werden.

Über die »grausamste und fürchterlichste Todesart« – wie Cicero die Kreuzigung in einer Rede gegen den korrupten Statthalter Verres einmal nannte – gibt es kaum archäologische Belege. Das ist insofern erstaunlich, als es sich dabei um eine beliebte Strafe für Sklaven, Freigelassene, Diebe und Aufständische gehandelt haben dürfte. 1968 fand man in Giv'at ha-Mivtar, einer Siedlung in Ostjerusalem, in einem Grab aus herodianischer Zeit aber zumindest einen Beleg: das Fersenbein des etwa 25 Jahre alten Jehochanan, das von einem Nagel durchbohrt worden sein muss. Vermutlich wollte der Henker Material sparen und durchstieß daher beide Fersenbeine mit einem einzigen 11,5 Zentimeter langen Nagel. Um die Füße des jungen Mannes auf diese Weise am Senkrechtbalken des Kreuzes zu befestigen, musste er sie mit brutaler Gewalt verbogen haben.

Die Kreuzigung Jesu

In Judäa sind Kreuzigungen seit der römischen Eroberung Jerusalems (63 v. Chr.) belegt. Das muss von Anfang an das Missfallen der einheimischen Bevölkerung erregt haben, denn das jüdische Gesetz kennt nur den Fall, dass ein menschlicher Leichnam an einen Pfahl gehängt werden darf (Dtn 21,22) und auch das nur im Fall von besonders schandhaften Handlungen. In der hebräischen Bibel wird konsequenterweise von keiner einzigen Kreuzigung im heutigen Sinne berichtet. Nur die Tempelrolle, eine Schrift aus der elften Höhle von Qumran, scheint in der Wiedergabe der Passage von Deuteronomium 21,22 auf eine Kreuzigung anzuspielen. Der Wortlaut ist aber unklar und die Datierung des Werkes wird bis heute kontrovers diskutiert, sodass der Text auch aus einer späteren Zeit stammen und sich auf griechische bzw. römische Kreuzigungen beziehen könnte. Die Römer selbst dürften ebenfalls ein gewisses Unbehagen gegenüber dieser grausamen Hinrichtungsart empfunden haben, denn sie wendeten sie in der Regel nicht gegen ihre eigenen Bürger an. Gekreuzigt wurden zur Zeit Jesu daher vor allem jüdische Aufständische und ihre Sympathisanten. Weggefährten oder Verwandte des Verurteilten, egal ob Mann oder Frau, liefen Gefahr, selbst gekreuzigt zu werden, wenn sie zu viel öffentliche Anteilnahme zeigten. Daher hielten Familie und Freunde sich lieber im Hintergrund, was die Kreuzigung noch dazu zu einem sehr einsamen Tod machte.

Entsprechend qualvoll und verlassen starb daher wohl auch Jesus von Nazareth (→ S. 122, 134-135, 140). Wenngleich die Evangelien sich auf die notwendigsten sachlichen Informationen beschränken – die dann freilich in einen größeren theologischen Kontext eingeordnet werden –, haben wir es hier immer noch mit den ausführlichsten Beschreibungen einer Kreuzigung zu tun. Die historische Glaubwürdigkeit zu überprüfen ist daher schwierig, plausibel wirken die Erzählungen aber durchaus. Zunächst einmal werden die Soldaten, ohne groß darüber nachzudenken, einfach das Material verwendet haben, das sie an jenem Freitagnachmittag gerade zur Verfügung hatten. Und auch in der Durchführung der Todesstrafe dürften sie nach ihrem eigenen Gutdünken vorgegangen sein. Denn es gab weder Dienstvorschriften, noch irgendwelche Pläne, wie eine Exekution dieser Art vonstattenzugehen hatte.

Die Geißelung war ein durchaus sadistisches Ritual, das unmittelbar vor der Kreuzigung durchgeführt wurde. Damit sollte die Schaulust der Anwesenden befriedigt, ein abschreckendes Exempel statuiert und außerdem die Verurteilten geschwächt werden. Denn auf diese Weise trat der Tod schneller ein und die Soldaten mussten nicht unnötig viel Zeit damit verbringen, die Sterbenden zu bewachen (→ S. 102-104). Eusebius von Caesarea, ein Theologe und Geschichtsschreiber des dritten Jahrhunderts, berichtet, dass durch die Geißelung »die Venen des Leidenden freigelegt wurden, und die Muskeln, Sehnen und Eingeweide des Opfers entblößt waren«. Bei derart schweren Verletzungen kann man sich unschwer vorstellen, dass der Sterbeprozess beschleunigt wurde. Was wir sonst noch wissen, ist, dass Gekreuzigte normalerweise nackt waren. Das wohl vom alttestamentlichen Psalm 22,19 beeinflusste Johannesevangelium geht in diese Richtung, wenn es heißt, die vier anwesenden Soldaten hätten das Oberkleid Jesu untereinander aufgeteilt und das aus einem einzigen Stück bestehende Unterkleid (*chiton*) verlost (→ S. 103).

Unklar ist allerdings, ob es sich beim Kreuz um eines der spärlich belegten Hochkreuze oder um das übliche Niedrigkreuz gehandelt hat, bei dem der Körper nur wenige Zentimeter oberhalb des Bodens hing. Laut Sueton kamen Hochkreuze selten zum Einsatz, und zwar als eine Art Auszeichnung. Er überliefert die Geschichte von einem Gekreuzigten, der durch einen Vormund hatte belegen können, dass er ein römischer Bürger war. Damit hätte der spätere römische Kaiser Galba ihn eigentlich nicht kreuzigen lassen dürfen. Da die Erkenntnis aber zu spät kam, ließ man den Sterbenden von seinem niedrigen Kreuz abnehmen und – quasi als Zeichen der Anerkennung – an ein deutlich höheres, weiß gestrichenes Kreuz schlagen.

Im Fall von Jesus ist unbekannt, ob es sich um eine *crux immissa* handelte, wie wir es von den meisten Abbildungen der Kreuzigungsszene kennen, oder um eine *crux commissa*, ein dreiarmiges Kreuz in T-Form. Erste christliche Autoren wie der anonym gebliebene Verfasser des Barnabasbriefes (um 150 n. Chr.), Klemens von Alexandrien (um 200 n. Chr.) und Tertullian (um 200 n. Chr.) gehen selbstverständlich davon aus, dass es ein T-Kreuz war. Der Verweis auf das am Kreuz angebrachte Schild mit der Angabe des todeswürdigen Vergehens lässt hingegen eher an eine *crux immissa* denken. Dieses Argument ist aber hinfällig, sofern man, was wahrscheinlich ist, das Schild am Boden vor dem Kreuz platziert oder gegen den Stamm gelehnt hat. Überhaupt ist das Vorhandensein eines solchen Schildes in keinem anderen Fall einer Kreuzigung belegt (→ S. 75-79). Schlussendlich weiß man auch nicht, ob das Kreuz Jesu einen Sitzpflock besaß oder nicht. Der Umstand, dass die traditionelle Ikonographie Jesus mit durchbohrten Füßen zeigt, würde dagegensprechen, kann aber nicht als historischer Beleg gelten. Denn Kunst wird natürlich in erster Linie durch Kreativität und Fantasie vorangetrieben und nicht durch den Wunsch, die Realität bzw. die Vergangenheit wahrheitsgetreu abzubilden.

Was die genaue Methode der Kreuzigung betrifft, legen die Evangelien nahe, dass Jesus mit Nägeln an die Holzbalken geschlagen worden ist, was auch dem üblichen römischen Brauch entsprechen würde. Dabei werden die Metallstifte durch die Handgelenke getrieben und nicht, wie die meisten Menschen denken und zahlreiche traditionelle Darstellungen zeigen, durch die Handflächen. Diese hätten nämlich dem Gewicht des Körpers und den im Todeskampf freiwerdenden Kräften nicht standhalten können, sondern wären gerissen. In diesem Sinn schreibt auch Ignatius in seinem bereits 110 n. Chr. an die Gemeinde in Smyrna adressierten Brief, dass Jesus »wirklich unter Pontius Pilatus und dem Vierfürsten Herodes angenagelt« wurde. Justin, der 165 als Märtyrer in Rom starb, spricht dann als Erster explizit vom Annageln der Hände und Füße. Vom Lukasevangelium wird das indirekt bestätigt, denn hier zeigt der Auferstandene zum Beweis seiner Identität die durchbohrten Hände und Füße.

Die Apostelgeschichte bleibt dagegen vage: In seiner Rede am Beginn des Buches spricht Petrus lediglich davon, dass Jesus von gesetzlosen Menschen am Kreuz fixiert worden sei. Das griechische Verb – *prospégnumi* – kommt bedauerlicherweise im ganzen Neuen Testament nur dieses eine Mal vor. Daher ist es schwer zu übersetzen bzw. lässt keinen Rückschluss darauf zu, um was für eine Art von Fixierung es sich gehandelt haben könnte. Auch die Archäologie hilft uns nicht weiter. Denn von besagtem unglückseligen Jehochanan sind keine Arm- oder Handknochen erhalten. Es wäre daher grundsätzlich auch denkbar, dass Jesus mit Hilfe von Stricken ans Kreuz gefesselt worden ist.

Der Ort der Kreuzigung

Wenngleich über das Kreuz und die Hinrichtung selbst heute nur wenig bekannt ist, scheint der Ort, an dem die Kreuzigung stattfand, doch einigermaßen klar bestimmbar zu sein. Dazu muss man sich an der damaligen Stadtstruktur Jerusalems orientieren, die natürlich von der heutigen abwich. Sowohl das jüdische als auch das römische Recht sahen nämlich vor, dass Richtstätten außerhalb der Stadtmauer zu liegen hatten. Auch erzählen die Evangelien einheitlich von einem Ort *außerhalb der Stadt*, der sich – laut dem Markusevangelium – an einem viel begangenen Weg befand. Was bedeutet das aber für die Grabeskirche, genauer: für jene 4,7 Meter über dem Kirchenniveau gelegene Plattform, die man erreicht, wenn man vom Eingangstor kommend rechts eine schmale Treppe hinaufsteigt? Ist diese Stelle, die Pilger für den Gipfel des Golgotha halten, nicht offensichtlich innerhalb der Stadtmauer situiert?

Hier gibt es vonseiten der Wissenschaft endlich einmal Entwarnung. Denn besagter Steinvorsprung, der heute als Ort der Kreuzigung verehrt wird, lag zum Zeitpunkt, als Jesus starb, außerhalb der Stadtmauer. Herodes Agrippa ließ Jerusalem nämlich erst in den 40er-Jahren des ersten Jahrhunderts vergrößern und baute im Zuge dessen jene zweite Mauer im Norden, welche die Erhebung der ursprünglichen Richtstätte nunmehr einschloss. Als Kaiser Hadrian im Jahr 135 das 70 n. Chr. zerstörte Jerusalem als römische Kolonie namens *Aelia Capitolina* wiederaufbauen ließ, wurde die Gegend mit Schuttmaterial aufgefüllt und nivelliert. Anschließend wurde ein Tempel für die Göttin Aphrodite errichtet. 200 Jahre später veranlasste Helena, die Mutter von Kaiser Konstantin, dass an dem Ort, an dem man das ursprüngliche Grab Jesu vermutete, eine Basilika erbaut wurde (→ S. 105-106).

Dabei dürfte sie sich auf den über drei Jahrhunderte überlieferten Glauben der Jerusalemer Christen berufen haben, denn an der besagten Stelle war der Untergrund für ein derartiges Bauwerk denkbar ungeeignet. Knapp hundert Meter entfernt in irgendeine der anderen vier Himmelsrichtungen wären die Voraussetzungen für das Fundament der Basilika deutlich besser gewesen. Der Umstand aber, dass man trotzdem an genau diesem Ort festhielt, zeigt, dass die auf der mündlich weitergegebenen Erinnerung der Zeitzeugen beruhende Tradition sehr stark gewesen sein muss. Natürlich wird man mit keiner archäologischen Untersuchung nachweisen können, dass es sich bei dem in der Grabeskirche verehrten Felsvorsprung um die *Schädelstätte* – auf Aramäisch *Golgotha* – handelt, wo Jesus gekreuzigt wurde. Die Archäologie hilft aber dabei, eine Vorstellung davon zu gewinnen, wie es dort um das Jahr 30 möglicherweise ausgesehen hat.

Seit dem siebten Jahrhundert v. Chr. befand sich an dieser Stelle nämlich ein Steinbruch, in dem man in großen Quadern den schönen, hellen und zugleich harten Malaki-Stein gewann, der das Stadtbild Jerusalems noch heute prägt. Der Steinbruch erstreckte sich um den Golgotha-Felsen, der selbst aber weitgehend unberührt blieb, bestand er doch aus brüchigem Gestein und war für den Abbau daher uninteressant. Vielmehr grub man um ihn herum. Im Laufe der Zeit prägte sich daher mehr und mehr ein zehn bis zwölf Meter hoher kegelförmiger Vorsprung aus, der einem kahlen Schädel ähnelte. Als der Steinbruch im ersten Jahrhundert v. Chr. nicht mehr genutzt wurde, funktionierte man die Stätte kurzerhand als Schüttplatz um, während im Westen und Norden Gärten mit Bäumen angelegt wurden und man die westliche Steilwand nutzte, um Gräber für den Jerusalemer Adel anzulegen. Golgotha selbst dürfte zur Zeit Jesu jedoch einer schmutzigen Müllhalde geglichen haben und war damit der perfekte Ort für Kreuzigungen (→ S. 154-157). Außerhalb der Stadt, zugleich aber an der frequentierten Straße nach Jafo und Cäsarea gelegen, garantierte er eine abschreckende Wirkung für alle, die dieses Wegstück passieren mussten. Und derer gab es, gerade wenn in Jerusalem große Feste gefeiert wurden, viele.

* * *

Der kleine Zug der Verurteilten mit ihren römischen Henkern und den Schaulustigen dürfte sich nach modernen Rekonstruktionen vom Herodespalast im Nordwesten der Stadt zuerst Richtung Osten durch die breit angelegten Straßen der reichen Oberstadt bewegt haben, dann links in die Hauptstraße abgebogen sein und schließlich durch ein Tor, vermutlich das sogenannte Gartentor, das schroffe, unwirtliche und steil abfallende Gelände nördlich der Stadtmauer erreicht haben. Damit hatte man das Stadtgebiet Jerusalems verlassen. Die letzten Meter musste man steil aufsteigen, um schließlich zur Richtstätte zu gelangen, an der die senkrechten Pfähle bereits auf die Verurteilten warteten. Dieser knapp 500 Meter lange Weg unterscheidet sich deutlich von der berühmten, tagtäglich von unzähligen Pilgern zurückgelegten *via dolorosa.* Auf Golgotha angekommen, dürften die Henker jedenfalls die Exekution nach ihrem eigenen Gutdünken durchgeführt haben. Denn Regeln oder Standards gab es dafür nicht. Erst als das Christentum zur Weltreligion wurde, begann man, immer selbstverständlicher vorauszusetzen, dass die Art und Weise, wie man Jesus zu Tode folterte, nicht einfach irgendeine Hinrichtung war, sondern genau so vonstattenging, wie eine Kreuzigung auszusehen hatte.

10.

Simon von Kyrene und andere Besonderheiten in den letzten Stunden Jesu

Die letzten Stunden Jesu sind an Dramatik kaum zu überbieten, die Evangelien schildern sie ebenso detailreich wie schonungslos. Jesus schafft es nur mit Mühe, die letzten Meter bis zu seinem Richtplatz zurückzulegen. Es ist Mittag, die Sonne brennt unbarmherzig vom Himmel, der zum Tod Verurteilte hat seit dem Abend zuvor nicht mehr gegessen und getrunken, ist von der Geißelung geschwächt. Als die Soldaten sehen, dass Jesus den Querbalken des Kreuzes nicht mehr tragen kann, reagieren sie sofort. Sie zwingen einen Mann, der gerade auf dem Weg nach Hause ist – so zumindest das Matthäusevangelium (Mt 27,32) –, ihm den Balken abzunehmen. Die Synoptiker nennen den Namen des Mannes – Simon – und seinen Geburtsort: Kyrene, eine Hafenstadt in Nordafrika, in der damals eine große jüdische Gemeinde lebte. Das Markusevangelium kennt sogar die Namen seiner Kinder, Rufus und Alexander, das Johannesevangelium dagegen erwähnt die Episode mit keiner Silbe.

Der Grund dafür ist sehr wahrscheinlich kirchenpolitischer Natur. Als nämlich das Johannesevangelium in der ersten Hälfte des zweiten Jahrhunderts verfasst wurde, waren in der jungen frühchristlichen Gemeinschaft theologische Auseinandersetzungen voll im Gang. Man debattierte heftig darüber, ob Jesus Mensch oder Gott (gewesen) sei, und rang mit dem Problem, wie er im Fall, dass er doch (ein) Gott sei, hatte sterben können. Das Johannesevangelium bezieht hier deutlich Stellung und positioniert sich klar gegen eine andere recht einflussreiche Gruppierung, die davon ausging, dass Jesus ganz Gott sei und sein menschlicher Körper nur zum Schein (auf Griechisch *dokéo*) bestanden habe. Gegen diese als *Doketismus* bekannte Lehre hält das Johannesevangelium daran fest, dass Jesus sowohl Gott als auch Mensch sei, und bemüht sich daher, die Körperlichkeit und mit ihr das Mensch-Sein Jesu zu betonen.

Deshalb eliminiert Johannes in seiner Erzählung alle Elemente, die im doketistischen Sinn hätten interpretiert werden können: Die Gestalt des Simon von Kyrene ist eines davon. In Alexandrien hatten die Doketisten nämlich begonnen zu predigen, dass Jesus gar nicht am Kreuz gestorben sei. Weil das Faktum der Kreuzigung aber schwer zu leugnen war, fand ein gewisser Basilides eine sehr elegante Lösung: Simon von Kyrene habe Jesus bei der Kreuzigung ersetzt, während dieser unsichtbar direkt in den Himmel aufgestiegen sei. Die gleiche Vorstellung fand interessanterweise einige Jahrhunderte später Eingang in den Koran, während die Meinung des Christentums zu diesem Zeitpunkt – zumindest innerhalb der Grenze des römischen Reiches – bereits eine standardisierte war.

Wenn (ein) Gott stirbt

Dass ein Gott sterben und auferstehen kann, ist in der Religionsgeschichte nichts Neues. Sowohl die sumerische Religion, die ägyptische und auch die griechisch-römische kennt solche Gottheiten, dort sind es Inanna (Sumer), Osiris (Ägypten) und Dyonisos (Rom), die sterben und auferstehen. Dass ein Gott aber einen derart gewaltsamen und entwürdigenden Tod stirbt, ist eine Besonderheit der Biographie Jesu. Der Tod am Kreuz wurde in der damaligen Zeit als große Schande angesehen, er hatte nichts Heldenhaftes oder gar Meditativ-Erbauliches an sich, er war schmutzig, grausam, laut und alles andere als schön anzuschauen. Gerade in einer Zeit, in der die Menschen mit dieser Folter- und Hinrichtungsart bestens vertraut waren, ließ sich eine Kreuzigung beim besten Willen nicht idealisieren (→ S. 121-125). Das ist vielleicht der Grund dafür, warum die Evangelien den eigentlichen Tod Jesu schlicht darstellen, die Geschehnisse vor und nach der Kreuzigung dagegen literarisch ausschmücken. Solche Ausschmückungen dürften auch die traditionellen *letzten sieben Worte* Jesu sein. Denn es ist schwer vorstellbar, dass ein Mensch unter den Todesqualen der Kreuzigung derart eloquent und souverän gleich mehrere Gespräche führt. Auch die wundersamen Zeichen, die laut den Evangelien nach dem Tod passieren, sind wissenschaftlich kaum zu erklären. Sie sind vielmehr als Versuch zu verstehen, vom eigentlichen Moment des Todes abzulenken. Doch sehen wir uns die Überlieferung im Detail an.

Die letzten Worte Jesu sind, wie sie in den vier Evangelien überliefert werden, einerseits zu unzusammenhängend, um tatsächlich vom gleichen sterbenden Menschen stammen zu können, andererseits aber viel zu umfangreich. Zwar weiß man, dass Gekreuzigte hin und wieder einzelne Worte gestammelt haben, komplexe Dialoge, wie sie Jesus im Lukasevangelium mit dem guten Schächer, oder im Johannesevangelium mit seiner Mutter und einem namenlosen Jünger führt, sind aber äußerst unglaubwürdig. Das Gespräch mit dem ebenfalls gekreuzigten Widerstandskämpfer ist schließlich aus inhaltlichen Gründen nicht realistisch, weil die Aussage »Du wirst mit mir heute im Paradies sein« (Lk 23,43) in einem klaren Widerspruch zu den damaligen jüdischen Jenseitsvorstellungen steht. Juden glaubten nämlich zur Zeit Jesu in der Regel nicht an ein Paradies.

Ähnlich problematisch ist das Gespräch mit der Mutter. Denn erstens ist allein schon die Anwesenheit der bereits weit über fünfzig Jahre alten Maria in Jerusalem extrem unwahrscheinlich (→ S. 116). Zweitens duldeten die Römer in unmittelbarer Nähe des Kreuzes keine Zuschauer. Der Historiker Sueton ist diesbezüglich eindeutig: »Es war untersagt, dass die Angehörigen um ihre zum Tod verurteilten Verwandten trauerten.« Trauer galt als Akt der Verbundenheit, die nicht selten als Mittäterschaft gedeutet wurde und für die trauernden Verwandten und Freunde im schlimmsten Fall die gleiche Strafe zur Folge haben konnte. Josephus etwa bezeugt, dass Gessius Florus, der 70 nach Christus römischer Präfekt oder – laut anderen Quellen – Prokurator gewesen ist, die Ehefrauen und sogar die unmündigen Kinder der Verurteilten mitkreuzigen ließ, wenn diese um ihre Ehemänner bzw. Väter trauerten.

Von den übrigen überlieferten *letzten Worten* Jesu am Kreuz sind auch das Gebet für seine Peiniger – »Vater vergib ihnen, denn sie wissen nicht, was sie tun!« (Lk 23,34) – und der Ausdruck der Ergebenheit – »Vater, in deine Hände übergebe ich meinen Geist« (Lk 23,46) –, die im Lukasevangelium vorkommen, nicht unproblematisch. Die Vergebungsbitte für die Henker stellt Jesus als guten Heiland und Retter der Welt dar, der seine Feinde bis zuletzt liebt, wie er es auch Zeit seines Lebens gepredigt hat. Das vertrauensvolle »in deine Hände übergebe ich meinen Geist« ist hingegen ein

Zitat aus Psalm 31 und wird in der Apostelgeschichte auch dem ersten Märtyrer Stephanus in den Mund gelegt. Es dürfte sich hierbei um ein frühchristliches Sterbegebet handeln, das durch den Jesusbezug quasi autorisiert werden sollte.

Das Johannesevangelium seinerseits bietet das ebenso unwahrscheinliche Gespräch mit Mutter und Jünger und darüber hinaus zwei einzelne Worte: *dipsó* (mich dürstet in Joh 19,28) und *tetélestai* (es ist vollbracht in Joh 19,30). Neben den bereits genannten Argumenten spricht gegen die Historizität der Begegnung zwischen Jesus und Maria auch die Tatsache, dass weder das Markus- noch das Lukas- oder das Matthäusevangelium davon erzählen. Erst zu Beginn der Apostelgeschichte beim sogenannten Pfingstereignis in Jerusalem wird Maria wieder in Erscheinung treten. Dass ein Mensch, der in der Mittagshitze am Kreuz mit dem Tod ringt, durstig ist, kann dagegen als realistisch gewertet werden. Man gewährt Jesus den indirekt geäußerten Wunsch und gibt ihm das übliche Getränk der römischen Legionäre, einen sauren mit Wasser verdünnten Wein, auf Griechisch *óxos* genannt. Drei Kreuzigungen durchzuführen war für die Soldaten eine schwere Arbeit und sie hatten daher mit Sicherheit etwas zu trinken dabei (→ S. 103).

Die übrige Inszenierung des Johannesevangeliums ist allerdings weit weniger überzeugend. Um den Mund Jesu nämlich mit einem durchtränkten Schwamm zu erreichen, verwenden die Soldaten laut Johannes einen Ysopstengel, bei Markus dagegen ein Rohr. Beim Ysop aber handelt es sich um eine buschartige Pflanze, die in der Regel keine tragenden hölzernen Äste bildet, an denen man einen Schwamm befestigen könnte. Johannes wollte aber keine naturwissenschaftlich glaubwürdige Abhandlung schreiben, sondern das Kreuz Jesu als erhöhten Ort darstellen – und möglicherweise auf Ysop-Zweige anspielen, die im Tempel Verwendung fanden für das Versprengen des Blutes der Opfertiere –, von wo aus er die Welt als neuer König richten und retten würde. Historisch belegt ist dagegen, dass die Kreuze – vermutlich aus praktischen Überlegungen – kaum höher waren als eine Mannsgröße. Die Soldaten hätten den Mund Jesu also problemlos mit der Hand erreichen können (→ S. 121-123).

Der Ausspruch »Es ist vollbracht!« dagegen ist schwer einzuschätzen, ergibt innerhalb der theologischen Komposition des Johannes-Evangeliums aber natürlich absolut Sinn: Der Auftrag Gottes ist erfüllt, die Welt gerettet, Jesus kann zu seinem himmlischen Vater zurückkehren. Ähnliches gilt für diejenigen letzten Worte, die das Markus- (Mk 15,34) und das Matthäusevangelium (Mt 27,46) Jesus ausrufen lassen und die ebenfalls Teil einer bewussten literarischen Komposition sind: »Mein Gott, mein Gott, warum hast du mich verlassen?« Es handelt sich bei diesem Halbvers um den Beginn von Psalm 22, was insofern ungewöhnlich ist, als ein gläubiger Jude eigentlich mit dem üblichen *»Schema Israel«* (Höre Israel), dem jüdischen Glaubensbekenntnis, auf den Lippen hätte sterben sollen.

Jesus dagegen formuliert einen Protestschrei und zeigt damit, dass er mit Gott ringt, sich allein gelassen fühlt. Dennoch haben sich theologische Forschung und zuvor schon die christliche Tradition darum bemüht, diese – vielleicht – letzten Worte Jesu als Ausdruck des Vertrauens oder gar seines messianischen Anspruchs zu interpretieren. Denn tatsächlich bleibt Psalm 22 nicht bei der Klage stehen, sondern öffnet immer mehr den Blick für das rettende Tun Gottes, der am Ende des Psalms als derjenigen besungen wird, der den Beter erhört hat. Indem Jesus den Beginn des Psalms rezitiert, meint er möglicherweise – so die Interpretation – auch schon sein Ende mit. De facto spricht er aber nicht den ganzen Psalm, sondern formuliert nur die erste eindeutig vorwurfsvolle Frage, bevor er stirbt. Ob er dabei mit Gott versöhnt war oder ob inszeniert werden sollte, dass er sich verlassen gefühlt hat, bleibt zumindest unklar.

Außerdem kann bzw. muss die Historizität dieses vorwurfsvollen Aufschreis diskutiert werden. Das Markusevangelium bietet zunächst eine korrekte griechische Transliteration der ursprünglichen aramäischen Fassung des Psalms. Das Matthäusevangelium dagegen übersetzt die Anrede *mein Gott* vom Aramäischen *Eloí* ins Hebräische *Eli*, belässt aber den übrigen Text im Aramäischen und überliefert damit eine sonderbare, definitiv künstlich wirkende hebräisch-aramäische Mischform. Jesus selbst dürfte einen aramäischen Dialekt gesprochen haben, was möglicherweise dazu geführt hat, dass die aus Syrien oder Samaria stammenden Soldaten die Gottesanrede mit dem Namen des Propheten Elija verwechselt haben. Aber hatte der sterbende Jesus überhaupt noch genug Kraft, ganze Worte zu artikulieren?

In der mit literarkritischen Methoden unschwer zu rekonstruierenden Urfassung der Passionsgeschichte im Markusevangelium ist nämlich nur von einem lauten Schrei die Rede. Erst später wurden Bezüge zu mindestens fünf verschiedenen Psalmenversen hergestellt, mit denen die Urgemeinde sehr wahrscheinlich versucht hat, den wortlosen Schrei Jesu inhaltlich näher zu bestimmen. Bezieht man in die Überlegungen mit ein, was wir heute über die Methode der Kreuzigung wissen, erweist sich aber auch die Annahme eines lauten Schreis als problematisch. Seneca beispielsweise beschreibt die lange Todesqual eines Gekreuzigten als einen Prozess, bei dem »Glied für Glied zugrunde geht und er seine Seele tropfenweise aushaucht«. Überhaupt berichten sämtliche römischen Quellen davon, dass die Gekreuzigten nach langem, qualvollen Leiden kraftlos verröcheln bzw. ersticken. Jesus stirbt hingegen relativ schnell und noch dazu schreiend (→ S. 123-125). Da das äußerst ungewöhnlich war und sich die mit der Folter- und Tötungsart der Kreuzigung vertrauten Zeitzeugen dessen bewusst gewesen sein mussten, aber dennoch keine Korrektur am Text vorgenommen haben, kann man davon ausgehen, dass wir es bei der Tradition, die von einem Schrei berichtet, mit einer tatsachengetreuen Widergabe der historischen Gegebenheiten zu tun haben.

Vom Aushauchen des Geistes und dem Zerreißen eines Vorhangs

Ekpnéo – das ist die Verbwurzel, mit der im Markusevangelium das Sterben Jesu beschrieben wird. Die zunächst neutrale Bedeutung *das Leben aushauchen* wird im Matthäus- und Lukasevangelium durch die Einfügung des Akkusativobjektes *pnéuma* (Geist) erweitert. Damit erfolgt ein wichtiger Hinweis auf das prophetische und Geist-erfüllte Wirken des Gottessohnes. Das Johannesevangelium geht noch einen Schritt weiter und macht Jesus zum Subjekt des Verbs *paradídomi* (übergeben) (→ S. 30-31). Sachlich gesehen drückt diese Verbform nichts anderes aus als das *ekpnéo* des Markusevangeliums; eingewoben in die Theologie des Johannes wird dadurch jedoch zum Ausdruck gebracht, dass Jesus sich gewissermaßen freiwillig und souverän dem Tod hingegeben hat.

Während das Johannesevangelium dann mit der Erwähnung des Soldaten, der mit einer Lanze die Seite Jesu durchbohrt, dessen tatsächlichen Tod bestätigen will, setzen die anderen drei Evangelien mit der Beschreibung von geheimnisvollen Zeichen fort, die sich nach dem Tod Jesu ereignet haben sollen. Alle drei Synoptiker berichten von einer dreistündigen Finsternis und vom Zerreißen des Tempelvorhanges. Das Matthäusevangelium erwähnt außerdem ein Erdbeben, bei dem sich viele Gräber geöffnet haben sollen und Heilige auferweckt worden seien.

Über die Historizität dieser Ereignisse wurde viel diskutiert. Was wir wissen, ist, dass eine Sonnenfinsternis, wie sie das Lukasevangelium nahelegt, nur bei Neumond möglich ist. Das jüdische Passahfest wurde aber beim ersten Vollmond im Frühling gefeiert, was eine Sonnenfinsternis, die in der Regel noch dazu nur ein paar Minuten und keine drei Stunde dauert, unmöglich macht. Auch andere abenteuerliche Erklärungen mit Sandstürmen, tiefhängenden Wolken oder einem

Schirokko-Dunst (der sogenannten *khamsín*) sind wenig überzeugend. Erschwert wird das Ganze dadurch, dass keine andere antike Quelle Hinweise auf ein derartiges kosmisches Wunder gibt.

Auch das Zerreißen des Vorhangs ist schwer mit einer realen Begebenheit in Verbindung zu bringen. Man geht davon aus, dass es im herodianischen Tempel zwei Vorhänge gab, der erste gleich beim Eingang, der zweite vor dem Allerheiligsten. Dort stand im ersten vorexilischen Tempel die Bundeslade, zur Zeit Jesu dagegen war der Raum leer. Dieser zweite Vorhang ist vermutlich derjenige, der in den Evangelien gemeint ist. Er war etwa zehn Meter breit und mindestens fünfzehn Meter hoch, bestand aus einem schweren Stoff und wurde einmal im Jahr vom Hohepriester persönlich mit dem Blut eines Opfertieres besprengt. Allerdings berichtet keine außerbiblische Quelle von einem solchen Ereignis, auch Josephus weiß nichts darüber. Und was für ein Naturphänomen müsste es schließlich gewesen sein, das den Tempelvorhang *in der Mitte* hätte durchreißen lassen können?

Doch hier kommt uns möglicherweise das dritte Zeichen zu Hilfe, von dem wir allerdings nur im Matthäusevangelium erfahren: das Erdbeben, das tatsächlich das Reißen des Tempelvorhanges verursacht haben könnte. Davon abgesehen, dürfte Matthäus allerdings etwas übertrieben haben. Denn natürlich ist es denkbar, dass bei einer massiven Erderschütterung die Felsengräber, die von außen mit Steinplatten verschlossen waren, aufgesprungen sind. Einmal mehr gibt es dazu allerdings keine außerbiblischen Belege. Dass aber gleich *viele Tote* – allesamt *Heilige*, also gute und wohlverdiente Menschen – auferstehen, dürfte eher der theologischen Komposition als den realen Begebenheiten geschuldet sein. Diese Leseweise wird auch durch die Erwähnung der *heiligen Stadt* erhärtet, denn damit wird nicht in erster Linie das reale Jerusalem, sondern vielmehr die ideale zukünftige eschatologische Stadt gemeint sein. Die Kreuzigung und der Tod Jesu werden damit als Beginn des messianischen Zeitalters betrachtet. Mit derartigen Zeichen wird in der jüdischen Tradition nämlich der *Tag des Herrn* eingeleitet, an dem die Welt gerichtet wird und im Anschluss daran das eschatologische Zeitalter beginnt.

* * *

Während also – wie eingangs gesagt – die Beschreibung des eigentlichen Todes in den Evangelien sehr schlicht gehalten ist, ist die Zeit unmittelbar vor und nach dem Tod Jesu tatsächlich literarisch reich ausgeschmückt. Die letzten Worte, die dem am Kreuz dahinscheidenden Jesus dabei in den Mund gelegt werden, haben allesamt eine klare theologische Aussage und Funktion. Neben der Bitte um Wasser könnte auch die testamentarische Versorgung der Mutter einen realen Hintergrund haben (→ S. 118). Fraglich ist allerdings, ob die Suche nach einer männlichen Person, die sich nach dem Tod des Sohnes um die alte Witwe kümmern würde, wirklich in allerletzter Sekunde geschehen ist. Nach dem Tod Jesu soll sich der Himmel verdunkelt und die Erde gebebt haben, zwei apokalyptische Zeichen also, die sich auch nach dem Tod Cäsars ereignet haben, wie Vergil berichtet. Die theologische Botschaft der Erzählung ist jedenfalls eindeutig. Und obwohl der christliche Schriftsteller

Tertullian um das Jahr 200 herum heidnische Zweifler zum Glauben bekehren wollte, indem er auf römische Archivberichte über eine seltsame Dunkelheit des Himmels über Rom zur Todesstunde Jesu hinweist, sind die in den Evangelien überlieferten Details, mit Ausnahme vielleicht des letzten Aufschreiens des Messias, nicht historisch zu verstehen.

11.

Josef von Arimathäa, Nikodemus und das Grab Jesu

Der gewaltige Erfolg, den Dan Brown mit seinem Roman *The Da Vinci Code – Sakrileg* hatte, hängt zum einen natürlich mit dem schriftstellerischen Talent des US-amerikanischen Autors zusammen, zum andern aber auch damit, dass er den vielleicht berühmtesten Mythos der westlich-christlichen Welt wieder zum Leben erweckt hat: die Geschichte vom Heiligen Gral. Die ersten Gralsdichtungen stammen aus dem Hochmittelalter und beschreiben die Suche nach einem Gegenstand – einem steinernen Gefäß oder einem Stein –, der Gesundheit und ewige Jugend verleihen sollte und von unerschrockenen Rittern bewacht wurde. Diese ursprünglich vermutlich von Zisterzienser- oder Benediktinermönchen überlieferte Legende wurde im Laufe der Zeit um immer mehr Details angereichert. Spätestens seit dem Entstehen der Sage um König Artus und die Ritter der Tafelrunde wurde der Heilige Gral mit einem Kelch – so zumindest die Bedeutung des altfranzösischen Wort *graal* – in Verbindung gebracht, den Jesus beim Letzten Abendmahl verwendete und in dem sich Wein in das Blut des Erlösers wandelte.

Die Vorstellung, der Gral könnte eine Metapher für die Gebärmutter der Maria Magdalena sein und damit für die Kinder stehen, die Jesus mit ihr gezeugt habe und die nun gewissermaßen seine Nachfolger wären, ist hingegen neu und hat keine Basis in den antiken Quellen. Sie entstammt vielmehr der Fantasie der Autoren Michael Baigent, Henry Lincoln und Richard Leigh, die es Ende des 20. Jahrhunderts verstanden, geschickt und fantasievoll bereits bestehende Verschwörungstheorien zu einer neuen pseudowissenschaftlichen These zu verbinden. Ihr Werk *Der Heilige Gral und seine Erben* erzielte kurzfristig hohe Verkaufszahlen und diente außerdem – was aus der Sicht der Rezeptionsgeschichte bedeutsamer ist – Dan Brown als Inspiration für seinen Roman.

Nüchtern betrachtet, kann man im Heiligen Gral ein verdichtetes Symbol für die gesamte Passionsgeschichte sehen. Denn im Lauf der Jahrhunderte verband man mit ihm die Tradition des letzten Abendmahls sowie die der Kreuzigung und des Lanzenstoßes. Im Kelch des letzten Abendmahls sollte schließlich das Blut gesammelt werden, das aus der Seite Jesu floss. Und hier kommt auch ein weitgehend unbekannter Mann ins Spiel, der nichtsdestotrotz in allen Evangelien explizit genannten wird: Josef von Arimathäa. Doch dazu später.

Die Grablegung: Literarisches und Historisches

Nach dem römischen Recht durften zum Tod verurteilte und exekutierte Verbrecher nicht rituell beerdigt werden. In einer religiös geprägten Welt, die durchdrungen war von einem Glauben an Ahnen, Geister und Götter, war das eine weitere, vielleicht noch schwerwiegendere Bestrafung als die Hinrichtung selbst. Die Leichen mussten am Kreuz hängen bleiben, bis sie verwest oder von Tieren aufgefressen waren. Irgendwann – spätestens, wenn das Kreuz erneut genutzt werden sollte –, warf man die wenigen verbliebenen Überreste des Toten in ein Massengrab neben der Hinrichtungsstätte. Im Talmud wird berichtet, dass es je nach Hinrichtungsart unterschiedliche solche Gruben gab bzw. geben musste, für Gesteinigte, Verbrannte, Erdrosselte und Enthauptete. Allerdings war es den Verwandten erlaubt, um die Freigabe des Leichnams zu bitten, sodass sie diesen nach den traditionellen Bräuchen der eigenen Religion bestatten konnten. Dies wurde von Fall zu Fall in Form eines (oft teuer zu bezahlenden) Gnadenaktes gewährt.

Im tiefgläubigen Judäa mussten aber selbst die römischen Besatzer sich an bestimmte Spielregeln halten, die für sie in anderen Provinzen ansonsten nicht galten. Im Judentum gab es im Zusammenhang mit dem Tod und mit dem Umgang mit Leichen strenge rituelle Vorschriften. Auch war man überzeugt, dass Leichen das Land und die Menschen verunreinigen könnten. So bestätigt Josephus Flavius, dass eine diesbezüglich zentrale Vorschrift der Torah (Dtn 21,23) tatsächlich in der Praxis Gültigkeit besaß: Hingerichtete, die zur Abschreckung an einem Pfahl zur Schau gestellt wurden, durften nicht über Nacht hängen bleiben. Obwohl das jüdische Gesetz die Kreuzigung als Todesstrafe nicht kannte (→ S. 123-124), wurde diese Vorschrift auf Verbrecher angewandt, die am Kreuz gestorben waren. Daher ist die in den Evangelien überlieferte Bitte, die Leiche Jesu vom Kreuz abnehmen zu dürfen, bevor der erste Abendstern erscheint und also ein neuer Tag anbricht, durchaus glaubwürdig, umso mehr, als es sich bei diesem Tag um den ersten Tag des Passahfestes handelte.

Auch dass die Bitte von einem Mitglied des Hohen Rates an Pilatus herangetragen wird, erscheint im Kontext plausibel (→ S. 61-62). Die Erzählungen der vier Evangelien zeigen zwar Unterschiede in den Details, lassen sich in ihren Ausführungen aber grundsätzlich auf zwei ursprüngliche Traditionen zurückführen. Die erste Urerzählung wurde von den Synoptikern übernommen und beinhaltet eine Datierung des Todestages (Freitag als Rüsttag für Passah), die Nennung der Protagonisten (Pilatus und Josef von Arimathäa) und vier Handlungen: Einkauf der Leinentücher, Abnahme der Leiche, Umhüllung des Körpers und Beisetzung in einem Felsengrab. Das Markusevangelium entwickelt diese kurze Erzählung weiter, indem es eine präzisere Bestimmung der Zeit vornimmt – es war Abend –, Josef als angesehenes Mitglied des Rates ausweist und ein kurzes Gespräch zwischen ihm und Pilatus einfügt, in dem sich der römische Präfekt wundert, dass Jesus so schnell gestorben ist. Offensichtlich wollte man damit den Verdacht eines Scheintodes ausräumen. Außerdem findet sich im Text eine Notiz, welche die Frauen als Augenzeugen des Geschehens ausweist (→ S. 115-117), sowie den Hinweis, dass das Grab mit einem großen Stein verschlossen worden sei.

Das Matthäusevangelium erwähnt, dass Josef ein Jünger Jesu gewesen sei, berichtet aber nicht von einem Gespräch zwischen ihm und Pilatus, vermutlich weil Matthäus nicht das Problem eines möglichen Scheintodes behandeln, sondern sich mit der Frage des Leichendiebstahls auseinandersetzen wollte. Der Hinweis bei Matthäus, dass das Grab noch unbenutzt gewesen sei, ist für die jüdischen Adressaten relevant, denn die sterblichen Überreste eines Gekreuzigten hätten nach jüdischer religiöser Vorstellung die sich bereits im Grab befindlichen Leichen verunreinigt. Das Lukasevangelium liefert weitere Hintergründe, etwa dass Josef von Arimathäa mit der Entscheidung des

Synedrions nicht einverstanden gewesen sei. Pilatus wird hier nicht genannt, dafür kommen die Frauen ausführlicher vor, die bei der Grablegung zusehen und offenbar genügend Zeit haben, um Salböl und Kräuter vorzubereiten.

Die Gruppe der Autoren dagegen, die hinter dem Johannesevangelium steht, bezieht sich auf eine andere Tradition. Neben Josef von Arimathäa taucht hier mit Nikodemus ein zweiter Helfer auf, der ein großzügiges Geschenk für die Beisetzung vorbeibringt. Wie es im Judentum bei vornehmen Persönlichkeiten üblich war, wird Jesus in mehrere Binden gehüllt, mit einer Mischung aus Aloe und Myrrhe behandelt und in ein neues Grab gelegt. Wenngleich die grobe Struktur der Erzählung realistisch wirkt, tun sich dennoch gleich mehrere Fragen auf.

Das erste Problem, das es zu lösen gilt, betrifft den Protagonisten der Erzählung: Josef von Arimathäa. Er kommt zwar in allen vier Evangelien vor, sein In-Erscheinung-Treten ist allerdings völlig unvorbereitet, und nach seinem kurzen Auftritt verschwindet er wieder und wird auch sonst in den Evangelien nirgends mehr genannt. In der literarischen Entwicklung der Evangelientexte wird aus Josef, der aus einem heute nicht mehr präzise zu lokalisierenden Dorf stammt, die strahlende Gestalt eines selbstlosen Gerechten, die in der Tradition der frühen Kirche dann tatsächlich auch zu einem Christen gemacht und schließlich als Heiliger verehrt wird. Von einem Ratsmitglied (Markusevangelium) entwickelt er sich zu einem reichen Jünger (Matthäusevangelium), dann zu einem frommen Mitglied des Synedrions, das mit dem Todesurteil gegen Jesus nicht einverstanden ist (Lukasevangelium). Aus der johanneischen Tradition kann die Zugehörigkeit zur Jüngergruppe nur indirekt herausgelesen werden, denn es heißt, dass Josef sich fürchtete (Joh 19,38).

Trotz dieser nicht sehr vertrauenerweckenden Ungereimtheiten gibt es in der Geschichte des Josef von Arimathäa einige Details, die durchaus als historisch glaubwürdig gelten können. So legt die Information, dass er in Jerusalem ein Felsengrab besaß, nahe, dass er dort ansässig war und aus einer wohlhabenden Familie stammte. Auch dürfte es sich bei ihm um eine bekannte Persönlichkeit gehandelt haben. Das würde erklären, warum er es wagte, bei Pilatus mit seiner Bitte vorstellig zu werden, und sich dabei offensichtlich einigermaßen sicher fühlte. Denn das ist alles andere als selbstverständlich. Wer sich nämlich für das Schicksal eines hingerichteten Verbrechers oder gar – wie im Fall Jesu – eines Volksaufrührers einsetzte, riskierte in der damaligen Zeit sein eigenes Leben. Die Römer bestraften schließlich sehr gerne auch die Anhänger oder Verwandten von Verurteilten, sofern diese zu viel Mitleid und Anteilnahme zeigten.

Eine plausible Erklärung für sein selbstbewusstes Verhalten wäre, dass eine mehr oder weniger direkte Beauftragung des Hohen Rates vorlag, dem daran gelegen sein musste, eine rituelle Verunreinigung des Landes zu verhindern, die laut der Torah eingetreten wäre, hätte man den Leichnam über Nacht am Kreuz hängen lassen. Sehr wahrscheinlich dürfte Pilatus die entsprechende jüdische Vorschrift gekannt haben, denn Jesus war ja nicht der erste Jude, der auf seinen Befehl hin exekutiert worden ist. Möglicherweise war Pilatus sogar froh, sich nicht weiter mit dem Thema befassen zu müssen, denn er hatte angesichts des unmittelbar bevorstehenden hohen Festtages und der damit einhergehenden Gefahr von Revolten bestimmt andere, vordringlichere Probleme. So oder so genehmigte er den von Josef vorgetragenen Wunsch des Synedrions, ohne sich besonders mit der Sache auseinanderzusetzen. Offen bleibt allerdings, warum Josef nicht darum gebeten hat, die Leichen der beiden anderen mit Jesus gekreuzigten Widerstandskämpfer bestatten zu dürfen. Denn selbstverständlich ging auch von ihren toten Körpern die Gefahr der Verunreinigung aus.

Problematisch ist aber vor allem die Tatsache, dass der tote Jesus nicht in eines der für die Exekutierten bereitstehenden Massengräber geworfen, sondern in einem neuen Felsengrab beigesetzt wird. Möglicherweise handelt es sich hier um eine spätere Einfügung. Denn die kurze Notiz über die Zugehörigkeit von Josef zur Gruppe der Jesusgemeinschaft, welche die Unstimmigkeit im Text erklären soll, überzeugt nicht. Warum beobachten die Frauen, die Jesus bis zuletzt begleitet haben, das Geschehen nur von Weitem und beteiligen sich nicht an der Beisetzung, sei es auch nur durch Anteilnahme und durch Klagen? Nachdem der Leichnam offiziell freigegeben worden war, gab es keinen Grund mehr, sich vor einem Eingreifen der Römer zu fürchten. Haben sie Josef vielleicht gar nicht gekannt? Und warum ist keiner der anderen Jünger dabei, die doch mit Josef hätten vertraut sein müssen, wenn er Wochen und Monate gemeinsam mit ihnen durch das Land gezogen wäre? Doch auch, wenn man die Episode als literarische Ergänzung interpretiert, bleiben Schwierigkeiten bestehen: Warum führen die Evangelien eine bis dato völlig unbekannte Person ein und teilen dieser auch gleich eine so wichtige Aufgabe zu? All diese Fragen lassen sich heute nicht mehr beantworten.

Die Spannungen rund um die Gestalt des Josef von Arimathäa dürften bereits den Verfassern des etwa vierzig Jahre später entstandenen Johannesevangeliums aufgefallen sein, weshalb sie sich auch auf der literarischen Ebene um eine Lösung bemühen: Sie erweitern die Szene um die bereits bekannte Gestalt des Nikodemus. Die Leser erinnern sich an ihn wegen seines intensiven abendlichen Gesprächs mit Jesus in Kapitel 3 und weil er Jesus gegen die anderen Mitglieder des Synedrions verteidigt, als diese ihm vorwerfen, die Heiligen Schriften nicht zu kennen (Joh 7,44-52). In der neueren Forschung haben jüdische Wissenschaftler in Nikodemus eine historische Gestalt identifiziert, nämlich einen reichen Vertreter des Jerusalemer Adels, der in verschiedenen frührabbinischen Schriften genannt wird: Nakdimon ben Gurjon. Falls das zutrifft, könnte es tatsächlich einen historischen Kern in der Episode um Josef von Arimathäa geben.

Die Funktion der Erzählung scheint aber in jedem Fall klar zu sein: Die beiden frommen Juden sollen gewissermaßen als Ehrenrettung für die elf Jünger dienen, die sich längst aus dem Staub gemacht haben. Gegen die historische Richtigkeit der Episode hat man in diesem Kontext gerne eingeworfen, dass Josef und Nikodemus – wie die anderen Jünger auch – unmittelbar vor dem Passahfest keinen Kontakt zu einer Leiche hätten haben dürfen, wollten sie die Feierlichkeiten im Zustand der rituellen Reinheit begehen. Dieses

Argument ist allerdings nicht überzeugend. Denn da beide – sofern sie existiert haben – sehr wohlhabend gewesen sein dürften, hatten sie natürlich Knechte zur Verfügung, die die *schmutzige* Arbeit der Grablegung für sie verrichten konnten. Was sich jedoch ganz sicher nicht zugetragen hat, ist, dass Josef das aus der offenen Seite tropfende Blut Jesu mit dem – ursprünglich noch als konkretes Gefäß gedachten – Heiligen Gral aufgefangen hat. Der ungebrochenen Faszination der Gral-Erzählungen tut das freilich keinen Abbruch.

Das Grab Jesu

Ein traditionelles jüdisches Begräbnis sieht eine Waschung und eine Salbung des Leichnams vor, bevor dieser beigesetzt wird. Man kann daher davon ausgehen, dass bei der Grablegung Jesu genau diese Akte vollzogen wurden. Wenn man heute die Grabeskirche in Jerusalem betritt, fällt einem als Erstes ein flacher Marmorstein auf. Dieser wurde erst 1808 an der heutigen Stelle platziert und steht symbolisch für den Ort der Salbung Jesu. Die Lokalisierung des Ortes wechselte im Lauf der Zeit, blieb aber immer in der unmittelbaren Nähe des Kalvarienberges. Es handelt sich dabei um eine alte Tradition, die allerdings erst seit der Kreuzfahrerzeit schriftlich in den Pilgerberichten festgehalten wurde und die natürlich durch die jeweilige Auslegung der Passionsgeschichte geprägt war.

Gegen die Durchführung eines solchen Rituals spricht jedoch, dass damals alles sehr schnell gehen musste. Denn zwischen dem Todeszeitpunkt und dem Beginn des Sabbats lagen nur wenige Stunden, eine kurze Zeit also, in der man die Freigabe des Leichnams erreichen, diesen vom Kreuz abnehmen und bestatten musste. Wenn daher eine Salbung stattgefunden haben sollte, dann wohl in aller Eile im Freien, den Blicken und Kommentaren der Vorbeigehenden ausgesetzt, und nicht, wie es üblich war, im geschützten Innenraum eines Hauses. Wasser stand vermutlich kaum zur Verfügung, denn Jerusalem hatte in Zeiten großer Feste, wo die Stadt mit Pilgern überfüllt war, stets mit Wassernot zu kämpfen. Die Beschreibungen einer ausführlichen Säuberung und Einbalsamierung des Verstorbenen dürfte daher eher dem Wunschdenken zur Zeit der Textentstehung bzw. der späteren Tradition als der Realität am Todestag entsprechen.

Ähnliches gilt für die Leichentücher, in die Jesus gewickelt worden sein soll. Das eher zeitaufwändige Ritual, welches die Schilderungen der Evangelien nahelegen, wirkt rückblickend – aus den bereits genannten Gründen – nicht besonders realistisch. Was die Wahl des Materials betrifft, könnte es durchaus sein, dass man spezielle Tücher verwendet hat, denn in der damaligen Zeit begannen die Juden, mehr und mehr diesen römischen Brauch zu übernehmen. Typisch für die eigene Tradition wäre es dagegen gewesen, die Leiche mit einem schlichten Leinengewand zu bekleiden. Das Markusevangelium spricht explizit von einem Leinentuch (*sindón*), das Johannesevangelium dagegen allgemein von mehreren, hinsichtlich ihrer Beschaffenheit nicht näher bestimmten Tüchern (*othónia*) (→ S. 107-108). Details sind einmal mehr Mangelware.

Für das Grab selbst werden unterschiedliche Begriffe gebraucht, es dürfte sich aber um einen in die Felswand geschlagene Hohlraum gehandelt haben. Eine so edle letzte Ruhestätte war für einen Hingerichteten tatsächlich etwas ganz Besonderes. Denn wer – egal von welcher Autorität – mit dem Tod bestraft worden war, galt als unrein und man ging davon aus, dass durch diesen Leichnam das Grab entweiht und die bereits sowie die künftigen Bestatteten verunreinigt würden. Daher betonen das Lukas- und das Johannesevangelium wohl auch, dass das Grab *neu* bzw. *ungebraucht* war. Der Hinweis auf Josef von Arimathäa als Besitzer des Grabes kommt nur im Matthäusevangelium und im apokryphen *Petrusevangelium* vor, das in der Mitte des zweiten Jahrhunderts verfasst wurde. Diese Information ist durchaus glaubwürdig. Denn als reicher Adeliger wird Josef vermutlich ein solches Grab besessen haben und dank seiner Position konnte er damit auch tun und lassen, was er wollte, ohne allzu sehr auf kritische Stimmen achten zu müssen.

Will man schließlich den genauen Ort des Grabes bestimmen, hilft neben dem biblischen Text und den alten, lange Zeit mündlich überlieferten Traditionen vor allem die archäologische Forschung weiter. Orientiert man sich an den Angaben des Johannesevangeliums, welches das Grab in der Nähe der Hinrichtungsstätte lokalisiert, könnte es nämlich durchaus sein, dass eines der Gräber, die 1885 im Rahmen von Bauarbeiten zur Einrichtung einer Zisterne für das koptische Kloster am nördlichen Rand der Grabeskirche freigelegt wurden, die (vorübergehende) Ruhestätte Jesu war. Wie dieses Grab damals ausgesehen hat, wissen wir nicht. Felsengräber konnten als Bankgräber gestaltet sein, bei denen die Leichen auf kniehohe steinerne Bänke gebettet wurden, als Troggräber, als Sarkophag-artige Vertiefungen also, oder als Schiebstollengräber, d. h. als waagrechte Schächte, in die man die Verstorbenen hineinschob. Da das Markusevangelium nahelegt, dass der Leichnam Jesu auf der rechten Seite lag, dürfte es ein Bankgrab gewesen sein, in dem klassischerweise eine Bank links und eine rechts stand.

Die heutige Grabeskirche jedenfalls beherbergt auf engstem Raum den Ort der Hinrichtung, den Salbungsstein und die Grabstätte. Sie steht damit im Einklang mit der biblischen Erzählung. Beweise für die Historizität dessen, was Pilger hier nach wie vor verehren, gibt es aber keine.

* * *

Dass die erste frühchristliche Gemeinde in Jerusalem den Ort des Grabes Jesu gekannt und dieses Wissen weitergegeben hat, ist sehr wahrscheinlich. In den kommenden 200 Jahren durchlief die Grabesstätte eine wechselhafte Geschichte. Als Kaiser Hadrian das zerstörte Jerusalem als *Aelia Capitolina* wiederaufbauen ließ, errichtete er hier das Forum der neuen Stadt. Die unebene Gegend wurde aufgeschüttet, dann ein Tempel zu Ehren der Aphrodite gebaut. Im vierten Jahrhundert ließ Kaiser Konstantin sowohl das Grab Jesu als auch den Berg Golgotha freilegen und über dem Grab eine ringförmige Kapelle bauen. Der ursprüngliche Stein wurde dabei in die Form eines Würfels gehauen.

Als Jahre später unmittelbar daneben eine fünfschiffige Basilika entstand, verblieb der Golgothafels in einem offenen Atrium. 614 wurde die Basilika von den Persern, 1009 der Nachfolgebau von dem Fatimiden

Sultan El Hakim zerstört, wobei dieser zweiten Zerstörung auch der Felsenwürfel zum Opfer fiel. 1048 wurden von den Kreuzfahrern sowohl die Basilika als auch ein rekonstruiertes Grab wiederaufgebaut. 1808 bauten die griechisch-orthodoxen Christen über den Ort der Grabstätte ein Grabmonument. An der Rückseite gibt es eine offene Kapelle, die von den Kopten verwaltet wird: Hier ist noch ein kleines Stück jenes von den Fatimiden 1009 zerstörten Felsens zu sehen. Und wer weiß, vielleicht handelt es sich dabei wirklich um das letzte Stückchen vom ursprünglichen Grab Jesu.

12.

Maria Magdalena oder Petrus – wer war zuerst beim leeren Grab

Im neuen Ägyptischen Museum in Berlin befindet sich eine gewaltige Sammlung von Papyri. Unter anderen wird dort der berühmte *Codex Berolinensis Gnosticus* 8502 – besser als *Berlin Codex* bekannt – ausgestellt. Es handelt sich dabei um ein Sammelwerk in koptischer Sprache, in dem neben den *Petrusakten*, dem *Apokryphon des Johannes* und der sogenannten *Sophia Jesu Christi* auch das Fragment eines Werkes enthalten ist, das den Namen *Evangelium der Maria* trägt. Mit dieser Maria dürfte sehr wahrscheinlich Maria Magdalena gemeint sein, die in den Schriften der gnostischen Bewegung als Vermittlerin der wahren Lehre eine wichtige Rolle spielt.

Das *Evangelium der Maria* beschreibt eine Szene, die sich in der frühchristlichen Jerusalemer Gemeinde abgespielt haben soll: Die verängstigten Jünger fragen sich, wie es ihnen wohl bei der Verkündigung des Evangeliums ergehen wird, wenn die Menschen selbst auf Jesus nicht gehört haben. In der allgemein bedrückten Stimmung ergreift Maria von Magdala die Initiative. Zunächst umarmt sie alle Anwesenden und ermutigt sie, dann beginnt sie – von Petrus dazu aufgefordert –, von einer Begegnung zwischen ihr und dem auferstandenen Jesus zu berichten. Nachdem sie eine Weile erzählt hat, greifen Petrus und Andreas ein. Petrus vor allem ist wütend und brüllt: »Hat der Erlöser wirklich zu einer Frau gesprochen ohne unser Wissen, nicht öffentlich? Sollten wir umkehren und alle auf sie hören? Hat er sie uns gegenüber dermaßen bevorzugt?« Auch wenn der Streit zwischen Maria Magdalena und Petrus, der uns nur in dieser in der Mitte des 2. Jahrhunderts entstandenen apokryphen Schrift überliefert ist, vermutlich nie stattgefunden hat, zeigt die Episode doch eindrucksvoll, welche Spannungen in der ersten christlichen Gemeinde geherrscht haben dürften.

Maria Magdalena, Zeugin des Sterbens und der Auferstehung Jesu

Nach den verletzenden Worten des Petrus jedenfalls weint Maria Magdalena, sie wird von Matthäus getröstet und findet dann zu ihrer inneren Stärke zurück, indem sie sich auf die Liebe besinnt, die sie und Jesus füreinander empfunden haben. Einige moderne Autoren haben aus dieser Notiz eine regelrechte Love-Story gedichtet und die (nicht historische) Vorstellung von einer möglichen Ehe bzw. einer eheähnlichen Beziehung zwischen den beiden fantasievoll weiterentwickelt. Sie waren damit aber nicht die Ersten. Das Motiv einer tiefen, mehr oder weniger geistigen Verbundenheit zwischen Jesus und Maria Magdalena findet sich bereits in den ältesten apokryphen Texten. Das *Philippus-Evangelium* beispielsweise nennt Maria Magdalena auf Griechisch *koínonos*, also *Partnerin* bzw. *Gefährtin* Jesu, und berichtet, dass der Erlöser sie mehr als alle Jünger liebte. Auch erfahren die Leser, dass Jesus sie häufig auf den Mund geküsst habe, was allerdings nicht in erster Linie erotisch zu verstehen ist.

Dennoch ist es auffällig, dass so explizit vom Kuss die Rede ist. Auch zeigt die Menge an wissenschaftlichen Untersuchungen, die versuchen, die Bedeutung dieses Küssens zu erklären, dass die Problematik alles anderes als nebensächlich ist. Das *Evangelium der Maria* ist das einzige uns bekannte Evangelium, für das eine

Frau als Autorin angegeben wird. Natürlich wurde von der modernen Leserschaft vor allem die vermeintliche Love-Story des Gottessohnes mit Leidenschaft rezipiert; der Text selbst ist allerdings vor allem an einem ganz anderen Thema interessiert: der Auseinandersetzung zwischen Petrus und Maria Magdalena. Denn das Verhältnis zwischen diesen beiden auf unterschiedliche Weise zentralen Personen war von großem Interesse für die Frage nach der Besetzung der Führungsposition in der noch jungen Kirche.

Es ist nämlich nicht zu leugnen, dass Frauen in den ersten Jahrzehnten des Christentums in der Gemeindebildung eine wichtige Rolle gespielt haben. Damals gab es Gemeindeleiterinnen und Diakonissinnen, ja sogar von einer namentlich genannten Apostolin, Junia (Röm 16,7), ist die Rede. Doch ab dem Moment, als das Christentum sich stärker in der Gesellschaft etablieren konnte, wurden die Frauen immer mehr zurückgedrängt. Die Abwertung der Maria Magdalena durch Petrus und Andreas kann daher beinahe als Sinnbild für die Situation der Frau im frühen Christentum gesehen werden. Magdalena wird von ihnen schlicht und einfach aufgrund ihres Geschlechtes herabgestuft und das, obwohl sie in den neutestamentlichen Evangelien als die Treueste der Nachfolger Jesu beschrieben wird. Sie gehört von Anfang an zur Gruppe der Jünger und Jüngerinnen, bleibt auch nach seiner Verurteilung noch bei Jesus, riskiert ihr Leben, weil sie sogar der Kreuzigung beiwohnt, und hält am Grab Wache, wie das Matthäusevangelium berichtet (Mt 27,61).

Ihre Rolle wird aber vor allem im Zusammenhang mit der Auferstehung besonders hervorgehoben. Denn abgesehen davon, dass alle vier Evangelien Maria Magdalena unisono unter den ersten Zeugen des Ostereregnisses sehen, erhält sie in den synoptischen Evangelien sogar den Auftrag, den anderen Jüngern von Jesus eine Botschaft zu überbringen. Das Johannesevangelium betont ihre Sonderrolle noch stärker, denn hier ist sie nicht nur die Erste, sondern auch die Einzige, der Jesus unmittelbar nach der Auferstehung begegnet. In dieser literarisch kunstvoll gestalteten Szene trifft Magdalena auf Jesus, hält ihn zunächst aber für den Gärtner. Erst als er sie beim Namen ruft, erkennt sie ihn und es kommt zum Gespräch.

Die Gestalt der Maria von Magdala steht in den Evangelien für die Kontinuität der Passionsgeschichte, wie sie wenige Jahre später zum Grundstein des frühchristlichen Glaubensbekenntnisses wurde: Jesus ist gestorben, wurde begraben und ist auferstanden. Keine andere Person konnte von sich behaupten, sie sei die ganze Zeit dabei gewesen. Nicht Petrus, nicht einer der anderen Jünger und nicht einmal die Mutter Jesu. Angesichts dieses Befundes, der offensichtlich auf eine sehr alte Überlieferung zurückgeht, überrascht der Umstand, dass Maria Magdalena in der paulinischen Briefliteratur keine Spuren hinterlassen hat. Im Gegenteil, der als einer der ältesten Schriften des Christentums geltende erste Korintherbrief berichtet zwar über die Auferstehung, scheint aber weder Magdalena noch – strenggenommen – irgendeine andere Frau unter den Begleitern Jesu zu kennen.

Im 15. Kapitel schreibt Paulus mit großer Überzeugung: »Christus ist für unsere Sünden gestorben, gemäß der Schrift, und ist begraben worden. Er ist am dritten Tag auferweckt worden, gemäß der Schrift, und erschien dem *Kephas* (Aramäisch für Petrus), dann den Zwölf. Danach erschien er mehr als fünfhundert Brüdern zugleich; die meisten von ihnen sind noch am Leben, einige sind entschlafen. Danach erschien er dem Jakobus, dann allen Aposteln. Zuletzt erschien er auch mir, gleichsam der Missgeburt.« Jesus ist gestorben, wurde begraben und auferweckt. Darin stimmt Paulus mit den Evangelien überein. Dass er aber sowohl die Passions- als auch die Ostergeschichte wiedergibt, ohne ein Wort über die Frau zu verlieren, die wie keine andere Persönlichkeit in den Erzählungen der Evangelien präsent ist, wirkt zumindest merkwürdig, man könnte sogar sagen ignorant. Denn dass Paulus die Geschichte von Maria Magdalena am Grab nicht kannte, ist schwer vorstellbar. Analysiert man nämlich die literarischen Bezüge zwischen den Texten, wird klar, dass die Tradition der Maria Magdalena keine spätere Erfindung der Evangelien sein kann, welche etwa 20 bis 30 Jahre nach dem Brief an die Korinther entstanden sind. Sie war also, als Paulus schrieb, schon bekannt.

Insgesamt führt Paulus mehr als 513 Zeugen an, die zum größten Teil noch am Leben waren und von den Adressaten des Briefes persönlich befragt werden konnten. Welche Absicht er damit verfolgt, ist mehr als deutlich. Es geht Paulus darum, sich selbst in die Liste der Zeugen der Auferstehung einzureihen – böse Zungen könnten sagen: hineinzuschwindeln – und sich dabei auch noch auf dieselbe Ebene wie Kephas zu stellen. Dass Paulus persönliche oder strategische Gründe gehabt haben mag, Maria Magdalena nicht als erste Zeugin der Auferstehung zu nennen, ist durchaus nachvollziehbar. Dass er sie aber gar nicht erwähnt, ist irritierend und muss grundsätzlich auch für die ersten Leser des Korintherbriefes irritierend gewesen sein.

Dieser Irritation lässt sich auch mithilfe wissenschaftlicher Überlegungen nur bedingt entgegenwirken. Grundsätzlich muss man wohl davon ausgehen, dass es zwei unterschiedliche Traditionen der Passions- und Ostergeschichte gegeben hat, die sich zumindest bis in die späten 50er-Jahre des ersten Jahrhunderts unabhängig voneinander weiterentwickelt haben. Neben der Überlieferung der Evangelien, die in Maria von Magdala die erste Auferstehungszeugin sehen, kennt das Neue Testament also auch eine zweite Überlieferung, auf die sich Paulus stützt. Dieser Tradition zufolge war Petrus der erste Auferstehungszeuge, Maria Magdalena dagegen kommt nicht vor. Im Hintergrund für die Konkurrenz der beiden Texttraditionen könnte ein Konkurrenzkampf zwischen den beiden Protagonisten stehen. Eine solche Auseinandersetzung wird im Neuen Testament zwar nicht direkt geschildert, sehr wohl aber in den Apokryphen.

Zu nennen wäre in diesem Zusammenhang nicht nur die bereits erwähnte Stelle im *Evangelium der Maria*, sondern auch das *Philippusevangelium*, in dem von einem Jünger berichtet wird, der sich eines Tages traurig und verständnislos an Jesus wendet: »Weswegen liebst du sie mehr als uns alle?« Dieser kurze Satz bezeugt eine besondere Intimität zwischen Jesus und Maria von Magdala, aber auch wiederum die Spannung innerhalb der Gruppe der Apostel. In den kommenden zweitausend Jahren Kirchengeschichte haben Texte wie diese keine Rolle mehr gespielt, in der Gegenwart zeigen sie aber dem interessierten Leser, dass Magdalenas Rolle in der jungen Kirche nicht unumstritten war. Darüber hinaus wird sehr gut sichtbar, wer es war, der sich mit ihrer besonderen Position nicht abfinden konnte und sie ihr daher streitig machte: niemand geringerer als Petrus, auf den sich in der Folge die bischöfliche Sukzession stützen sollte.

Petrus, der Verleugner, der zum Leiter der Kirche wird

Ganz offensichtlich wird diese Spannung im koptischen *Thomasevangelium*, das vermutlich am Beginn des dritten Jahrhunderts verfasst wurde und sich explizit mit dem Wettstreit zwischen der Tradition des Petrus und der Tradition der Maria Magdalena befasst. Dabei beziehen die Autoren klar Stellung, und zwar in dem Sinn, dass sie jegliche Berechtigung einer Frau negieren, bei der Verkündigung mitzuarbeiten. Der 114. Spruch des Thomasevangeliums lässt Petrus selbst zu Wort kommen. Seine Aussage ist hart und unmissverständlich: »Maria soll aus unserer Mitte fortgehen, denn die Frauen sind des Lebens nicht würdig.« So weit, so ungut. Immerhin gesteht der Text aber zumindest ein wenig Widerspruch zu, und zwar von Jesus selbst, der kommentiert, dass lediglich die Frauen ins Himmelreich eintreten werden, die sich männlich benehmen. Was das bedeuten soll, wurde in der Vergangenheit endlos diskutiert und schlussendlich meist recht simpel beantwortet, nämlich mit dem Hinweis, dass es die Aufgabe der Frau sei, sich dem Mann zu unterwerfen.

Zu Beginn des dritten Jahrhunderts gab es also zumindest in Teilen der Kirche eine starke Tendenz, die Tradition der Maria Magdalena massiv zurückzudrängen. Diese Bestrebungen gehen offensichtlich auf den frauenfeindlichen Einfluss des Paulus zurück, der Maria Magdalena, wie wir gesehen haben, jegliche Bedeutung bei der Auferstehung absprach. Bedenkt man allerdings, dass Paulus es nicht einmal für notwendig erachtete, den Namen der Muttergottes zu nennen, passt die Eliminierung der Magdalena gut ins Gesamtbild. Frauen sollten in der Gemeindeleitung künftig jedenfalls kaum mehr eine Rolle spielen. Ob die ganze Schuld dafür beim historischen Paulus zu suchen ist, oder ob seine Schriften einfach noch diskriminierender ausgelegt wurden, als sie ursprünglich gemeint waren, sei dahingestellt.

Paulus selbst kannte weder Maria aus Magdala noch Maria, die Mutter Jesu, persönlich. In seiner Zeit in Jerusalem lernte er allerdings Petrus kennen und dürfte von ihm maßgeblich beeinflusst worden sein. Im ersten Kapitel des Galaterbriefes, in dem Paulus viele Details seiner Biographie preisgibt, erzählt er nämlich, dass er ganze zwei Wochen bei Petrus geblieben sei. Ansonsten traf er nur noch den damaligen Leiter der Jerusalemer Gemeinde: Jakobus, den älteren Bruder Jesu. Diese Begegnung fand etwa 15 Jahre nach dem Tod und der Auferstehung Jesu statt. Petrus – und indirekt Jakobus – waren also die einzigen Quellen, die Paulus hatte, um mehr über das Leben Jesu, dem er nie begegnet war, zu erfahren.

Ist es aber denkbar, dass Petrus in den 15 Tagen, die sie gemeinsam verbracht haben, kein Wort darüber verloren hat, dass der Auferstandene (zuerst) Maria Magdalena erschienen ist? Oder hat er Paulus gar bewusst getäuscht und manipuliert? Natürlich können wir darüber heute nur noch spekulieren. Es ist aber durchaus denkbar, dass die Situation in der Gemeinde von Jerusalem sehr angespannt war, und Petrus daher die Abwesenheit seiner Konkurrentin Maria Magdalena dazu genutzt hat, Paulus ihre Existenz schlicht und einfach zu verschweigen. Paulus erfährt also nur, dass der Auferstandene Petrus selbst begegnet ist, mit Maria Magdalena oder mit der Mutter Jesu wird er nie die Gelegenheit haben zu sprechen.

Heute sind nach wie vor beide Traditionen im Neuen Testament wahrnehmbar. Interessant ist dabei, dass 70 bis 80 Jahre nach den ersten paulinischen Texten, als Maria Magdalena längst nicht mehr am Leben und die Frage nach der Leitung der Gemeinde zugunsten des Petrus – und damit der Männer – entschieden worden war, das Johannesevangelium entsteht und ganz klar von Maria Magdalena als einziger Zeugin der Auferstehung spricht. Was für eine Funktion hatte das vierte Evangelium in dieser Zeit? Oder: Warum hat es zu keinem (nochmaligen) Wandel geführt? Vermutlich lag Letzteres daran, dass seine Worte nicht auf fruchtbaren Boden fielen, denn es dürfte im ausgehenden ersten Jahrhundert einfach niemanden gegeben haben, der oder die sich in der gerade etablierten kirchlichen Hierarchie für eine stärkere Einbeziehung der Frauen einsetzte. Und so ist das Johannesevangelium – zumindest in dieser Hinsicht –, eine literarisch kunstvolle, erbauliche Erzählung geblieben, in der Magdalena eine stille Heldin sein darf, deren Licht aber allzu schnell verblassen wird. Denn was das konkrete Gemeindeleben betraf, folgte man den Briefen des Paulus, und die waren unmissverständlich: Die Frau hatte in der Kirche zu schweigen (1 Kor 14,34).

Die Vormachtstellung des Petrus und seiner Nachfolger dagegen war beschlossene Sache. Auch das ist nicht uninteressant, bedenkt man, dass alle Evangelien davon erzählen, dass Petrus Jesus mehrmals verleugnet hat. In der Forschung geht man davon aus, dass die Erzählung des Markusevangeliums die Basis für alle anderen Texte war; das Johannesevangelium schließlich baut die Episode nicht aus, sondern kürzt sie radikal. Natürlich könnte man in diesen Geschichten über den Verrat des Petrus eine versteckte Stellungnahme zugunsten von Maria Magdalena sehen. Denn immerhin ist sie dem gemeinsamen Lehrer bis zuletzt treu geblieben, während Petrus als ziemlicher Versager dargestellt wird.

Verortet man die Episode allerdings in ihrem zeithistorischen Hintergrund, kann man davon ausgehen, dass es hier nicht oder zumindest nicht in erster Linie um eine innerkirchliche Auseinandersetzung zwischen patriarchalen und matriarchalen Strukturen geht. Im ausgehenden ersten Jahrhundert, als Christen verfolgt wurden und nicht selten unter der Folter ihren Glauben widerriefen, sollte ihnen die Gestalt des Petrus Trost spenden. Denn auch wenn Petrus damals nicht den Mut aufgebracht hatte, zusammen mit Jesus als Märtyrer zu sterben, hat er später doch durch Reue zu neuer Stärke gefunden und ist sogar zum Führer der Kirche geworden. Das war die Message, welche die Gläubigen damals brauchten. Die Auseinandersetzung mit einem möglichen weiblichen Führungsanspruch war zu einer Zeit, als Petrus bereits eine unhinterfragte Führungsposition zukam, einfach nicht mehr erforderlich.

Die so gebrauchte Episode der Verleumdung selbst dürfte übrigens auf eine historische Begebenheit zurückgehen. Denn zum einen schildern die vier Evangelien die Begegnung mit der Magd des Hohepriesters auffällig einheitlich, zum anderen sind sie voll mit realistischen Details. Sie skizzieren ein stimmiges Bild von der Architektur des Hauses des Hohepriesters, vom brennenden Feuer in der frischen Jerusalemer Nacht im Monat Nisan und dem galiläischen Akzent des Petrus. Vor allem aber ist die Erzählung so kompromittierend, dass eine spätere Einfügung fast nicht denkbar ist. Autorenkreise, die Petrus, der immerhin der Chef der jungen Kirche war, wohlgesonnen waren, hatten nämlich gewiss kein Interesse, eine solche Episode zu erfinden. Und wenn es nur darum gegangen sein sollte, gescheiterte Märtyrer zu trösten, hätte man die Verleugnung auch einem anderen, weniger wichtigen Jünger andichten können.

* * *

Obwohl Petrus in der Passionserzählung der Evangelien die Chance gehabt hätte, als großer Held in Erscheinung zu treten, wird er als Feigling und Versager dargestellt. Daran gibt es nichts zu beschönigen. Nicht einmal das Rennen um die erste Begegnung mit dem Auferstandenen kann er für sich entscheiden. Vielmehr steht am Höhepunkt der ganzen Passionsgeschichte eine Frau im Mittelpunkt, die durch egal welche widrigen Umstände nicht davon abzubringen ist, treu an der Seite Jesu zu verharren. Dennoch entwickelt sich relativ rasch eine andere Tradition, die überraschenderweise Petrus die wichtigere Rolle zugesteht und ihn gewissermaßen als Führungsgestalt aufbaut. Das mag daran gelegen haben, dass Paulus von Petrus fasziniert war, oder daran, dass er insgesamt eine eher frauenfeindliche Haltung hatte. Vielleicht aber auch daran, dass er die Magdalena-Tradition genauso wenig kannte wie Magdalena persönlich. All diese Fragen können wir heute nicht mehr beantworten. Was wir aber wissen, ist, dass sich langfristig die paulinische Tradition durchgesetzt hat und dass das eine folgenschwere Richtungsentscheidung war, deren Konsequenzen die katholische Kirche noch heute prägen.

13.

Die Engel und die Frage nach dem Wie der Auferstehung

Am Beginn des vierten Jahrhunderts erhielt Eusebius von Cäsarea, seines Zeichens Bischof, Kirchenvater und Kirchenhistoriker, einen Brief von einem Christen namens Marinus. Diesem war ein Widerspruch in den Heiligen Schriften aufgefallen und er wollte nun wissen, warum Jesus im Matthäusevangelium *nach dem Sabbat* (Mt 28,1) erschienen sein soll, im Markusevangelium dagegen *früh am ersten Tag der Woche* (Mk 16,9). Marinus verstand damals die Texte offensichtlich – wie viele andere Menschen heute auch noch – als historischen Tatsachenberichte und insofern stellte diese Unvereinbarkeit natürlich ein Problem dar. Die Antwort, die Marinus von Eusebius erhält, bringt aus heutiger Sicht jedoch noch mehr Probleme mit sich als der inhaltliche Widerspruch.

Eusebius behauptet nämlich, dass der Text des Markusevangeliums in *nahezu allen Abschriften*, die er kenne, ein ganz anderer sei: Die widersprüchlichen Verse würden in diesen ihm vorliegenden Versionen einfach fehlen. Wortwörtlich meint er: »Jedenfalls bezeichnet eine genaue Kopie des Evangeliums nach Markus das Ende der Erzählung mit den Worten des jungen Mannes, der von den Frauen gesehen wurde und ihnen dabei sagte: ›Fürchtet euch nicht, ihr sucht Jesus, den Nazarener usw.‹ Dem fügt er hinzu: ›Als sie das hörten, flohen sie und sagten niemand irgendetwas, denn sie fürchteten sich.‹« Dieses Zitat entspricht tatsächlich dem Kapitel 16 des heutigen Markusevangeliums, allerdings nur bis Vers 8. Die folgende Passage, also das gesamte Ende des Markusevangeliums, wie wir es heute in jeder Bibelausgabe finden, stellt laut Eusebius eine spätere Hinzufügung dar. Das wären immerhin ganze zwölf Verse, die von der Erscheinung Jesu und der Himmelfahrt erzählen. Mit seiner Meinung ist Eusebius nicht allein. Auch bei Hieronymus sowie im *Codex Vaticanus*, einem der wichtigsten Textzeugen aus dem vierten Jahrhundert, endet das Markusevangelium mit Vers 8 des 16. Kapitels.

Zugleich belegt eine Schrift des Irenäus, dem damaligen Bischof von Lyon, aus dem dritten Jahrhundert, dass das Markusevangelium mit den Worten »Ja, der Herr Jesus wurde, nachdem er mit ihnen gesprochen hat, in den Himmel aufgenommen und sitzt zur Rechten Gottes« schließt. Das wäre der Text von Mk 16,19, also der Fassung, die wir heute für autoritativ und kanonisch halten. Die Spannung, die Eusebius wahrgenommen und die er auf seine Weise gelöst hat, wird auch in der modernen Bibelwissenschaft leidenschaftlich diskutiert. Denn auf literarischer Ebene ist der Bruch nicht zu leugnen. Das würde aber bedeuten, dass das ursprüngliche Markusevangelium kürzer war und das Ereignis der Auferstehung zunächst nicht Freude und Hoffnung, sondern Bestürzung und Furcht auslöste. Erst spätere Überarbeitungen machten die Botschaft erbaulicher.

Von der Auferstehung reden

Die Suche nach dem richtigen Ende des Markusevangeliums spiegelt möglicherweise ein zentrales Problem der frühchristlichen Gemeinden wider: Wie sollte man überzeugend von der Auferstehung sprechen? Wie die eigene Hoffnung zum Ausdruck bringen? Etwas beschreiben, was nicht nur unerwartet war, sondern bis zu diesem

Zeitpunkt beispiellos? Der Leidensweg und der Tod Jesu waren Ereignisse, die man aus dem Alltag kannte und die sowohl auf Griechisch als auch auf Aramäisch wiedergegeben werden konnten, wobei man heute übrigens davon ausgeht, dass die ersten Kurzberichte aramäisch waren und mündlich tradiert wurden. Was aber die Erlebnisse der ersten Jüngerinnen und Jünger am Ostermorgen betrifft, stand in den beiden Sprachen nicht einmal ein geeignetes Wort zur Verfügung. Wie also sollte man über die Auferstehung reden?

Wenn Paulus zu Beginn der 50er-Jahre an die Christen der von ihm gegründeten Gemeinde in Thessaloniki schreibt und damit das erste schriftliche Zeugnis über das Auferstehungsgeschehen liefert, verwendet er das griechische Verb *anistémi.* Die Verbwurzel bedeutet eigentlich *aufstehen* und sie ist nicht nur sehr häufig, sondern auch sehr unspezifisch. Was mit einem solchen *Aufstehen* genau gemeint ist, bleibt daher zunächst unklar. Neben *anistémi* gebraucht Paulus aber ein weiteres Verb, und zwar sowohl in seiner aktiven als auch in seiner passiven Form: *egeíro*. Es handelt sich dabei um ein ebenso geläufiges Wort, das in der Regel mit *aufwecken* übersetzt wird. So ist Jesus laut Paulus entweder selbst *aufgestanden* (1 Thess 4,14 *anéste*) oder er *wurde aufgeweckt* (Röm 6,4.9 *egérthe)* bzw. Gott *hat ihn aufgeweckt* (Röm 10,9 *égeiren*).

Bereits diese wechselhafte und nicht konsequent gebrauchte Terminologie zeigt, dass es für die ersten Christen alles andere als einfach war auszudrücken, was mit Jesus geschehen ist. Die Sache scheint nämlich einfach und kompliziert zugleich zu sein. Einfach, weil jemand, der offensichtlich tot war, wieder lebendig ist.

Kompliziert, weil sowohl dieses Wieder-am-Leben-Sein als auch die Art und Weise, wie das Wieder-am-Leben-Sein zustande gekommen sind, ein Rätsel bleiben, das nicht in Worte gefasst werden kann. Insofern ist die Reaktion der Frauen am Grab, wie sie das Markusevangelium beschreibt, verständlich. Sie sprechen mit einem unbekannten jungen Mann, der ihnen sagt, Jesus sei aufgeweckt worden (*egeíro*). Sie erschrecken und laufen verängstigt weg. Natürlich konnten sie nicht wissen, was es bedeutet, *aufgeweckt zu werden*. Daher reagieren sie auf das Unerwartete, Neue, das sie nicht einordnen konnten, mit Furcht und erzählen zunächst niemandem etwas davon.

Und so schließt das älteste uns erhaltene Evangelium ursprünglich vermutlich mit einem Moment des Erschreckens. Erst in einer späteren Zeit wird das Markusevangelium – inspiriert von den Darstellungen aus dem Matthäus- und Lukasevangelium – um ein neues Ende ergänzt, in dem sich nunmehr verschiedene Berichte zum Erscheinen des Auferstandenen finden. Alle Texte aber, welche die Vorgänge der Osternacht beschreiben, ringen sowohl auf der inhaltlichen als auch auf der literarischen Ebene mit der Schwierigkeit, etwas zu beschreiben, wofür es keine Vorlage gab und was für den menschlichen Verstand letztlich unbegreiflich bleiben musste. Die Evangelien konnten weder auf ähnliche Erfahrungen in anderen Erzähltraditionen zurückgreifen, noch hatten sie literarische Vorbilder, die sie verwenden konnten. Und auch die Begrifflichkeit musste sich erst mit der Zeit entwickeln. Die Worte, die Paulus in seinen Briefen verwendet, waren daher wahrscheinlich Versatzstücke aus fest geprägten Formulierungen, die man in der mündlichen Verkündigung und in der Liturgie gebrauchte, vielleicht auch bei der ersten Katechese, also der religiösen Belehrung, und die möglicherweise bereits eine Art Glaubensformel darstellten.

Die literarische Ausgestaltung, welche rund 20 bis 30 Jahre nach dem paulinischen Schriftwerk bei den Synoptikern vorgenommen wurde und 60 bis 70 Jahre später im Johannesevangelium, ist ebenso noch nicht endgültig fixiert und vereinheitlicht. Die Evangelien übernehmen die von Paulus geprägte – oder auch nur verschriftlichte – Begrifflichkeit und bauen sie in eine Erzählung ein, die das Geschehene viel besser zum Ausdruck zu bringen vermag als eine knappe Glaubensformel. Obwohl der Wortschatz ähnlich ist, beschreibt jedes Evangelium die Ereignisse, die auf die Grablegung Jesu folgten, unterschiedlich. Einigkeit besteht darin, dass das Grab am dritten Tag ohne Leichnam aufgefunden wurde. Das Matthäus-, Markus- und Lukasevangelium betonen in diesem Zusammenhang explizit, dass das leere Grab wirklich das Grab Jesu war. Das ist verständlich und in gewisser Weise auch nötig, denn von den Menschen, die das leere Grab gefunden haben, war keiner bei der Grablegung dabei. Und da es in der Gegend viele ähnliche Gräber gab, war die Gefahr einer Verwechslung durchaus real (→ S. 152-156). Möglicherweise wollte oder musste man so auch einem der Hauptargumente derer begegnen, die den Auferstehungsglauben ablehnten und auf einer Verwechslung der Gräber – als rationale Erklärung – beharrten.

Weitere gemeinsame Elemente der Erzählungen sind die Anwesenheit von einer oder mehreren Frauen und der Umstand, dass der schwere Stein vor der Öffnung des Grabes nicht mehr an seinem Ort war und daher weggerollt worden sein muss.

Während der Auftritt von Engeln oder anderen übernatürlichen Wesen, die eine Botschaft vermitteln, natürlich als literarische Ausschmückung gedeutet werden kann, verdient die Notiz, dass es die Frauen waren, die als Erste von der Auferstehung erfahren haben, durchaus Beachtung. Frauen waren nach dem Rechtsverständnis des Judentums nämlich nicht als Zeugen zugelassen. Wenn sie nun aber trotzdem in einer Zeugenrolle vorkommen, dann spiegelt das möglicherweise die historischen Begebenheiten wider. Denn es wäre recht eigenartig, wenn die Autoren eine Ergänzung vorgenommen hätten, die im Widerspruch zu dem stand, was damals allgemein akzeptiert war und als *normal* angesehen wurde.

Paulus wiederum, der einer anderen Tradition gefolgt sein dürfte, erwähnt die Frauen nicht. In seiner am Beginn des 15. Kapitels des Briefes an die Korinther überlieferten Version von der Auferstehung wurde Jesus zwar am dritten Tag auferweckt, ist aber nur Männern erschienen: dem Petrus und den Zwölf. Das macht allerdings nicht viel Sinn, denn Judas gehörte schon nicht mehr zur Zwölfergruppe dazu. Außerdem wären es ohne den separat erwähnten Petrus so oder so nur elf Jünger gewesen und ohne Judas eigentlich sogar nur zehn. Abgesehen von diesen Ungereimtheiten beschreibt kein Evangelium im Detail, wie die Auferstehung konkret vor sich gegangen sein soll. Die Aussage *Jesus ist auferstanden* bleibt also einigermaßen vage.

Was sich heute schwer nachvollziehen lässt, war für die gläubigen Juden des ersten Jahrhunderts ein

Ärgernis, ja in gewisser Weise sogar ein Skandal. Es war für sie nämlich völlig unvorstellbar, dass der am Ende der Tage erwartete Messias nicht ruhmreich siegen, sondern – verspottet und gedemütigt – am Kreuz verenden und schließlich auferstehen würde. Das lässt sich auch heute noch mit Sicherheit sagen, denn es gibt keine einzige jüdische Quelle, in der eine solche Vorstellung belegt wäre. Der Glaube der Jesusjünger und ihrer ständig größer werdenden Sympathisantenschar stand den Vorstellungen der jüdischen Lehrer also diametral entgegen, weshalb es schließlich auch zu einem Bruch zwischen der neuen Gemeinschaft und der Mutterreligion kommen musste, aus der sie hervorgegangen war.

Umso mehr würde man erwarten, dass die Evangelien dem Stein des Anstoßes, also dieser ganz neuen und unerhörten Sache mit der Auferstehung, besondere Aufmerksamkeit widmen und die Ereignisse detailliert beschreiben würden. Das ist aber nicht der Fall. Es beginnt damit, dass niemand gesehen hat, wie Jesus sein Grab verlässt. Laut dem Matthäusevangelium (28,2-4) können weder die Anhänger Jesu noch die anwesenden Soldaten dazu etwas Sinnvolles sagen. Und auch was die Autoren über den Zeitraum zwischen den ersten Begegnungen und der Himmelfahrt berichten, ist reichlich spärlich. Es wirkt beinahe so, als ob sich keiner der ansonsten so wortgewandten Verfasser der Evangelien an eine präzise Beschreibung der Auferstehung herangewagt hätte. Interessant ist, dass es irgendwann zu einer Veränderung gekommen sein muss. Denn während man am Anfang offensichtlich große Schwierigkeit hatte, von der Auferstehung zu sprechen, wurden in späteren Zeiten umso präzisere Vorstellungen entwickelt. Diese gehen in der Regel von den – mittlerweile zu Teilen des offiziellen Kanons gewordenen – Evangelien aus, bauen diese dann aber großzügig aus und entwickeln eigene Vorstellungen.

Eine Auferstehung, viele Perspektiven

»Die Soldaten sahen zwei junge Männer in einem großen Lichtglanz heruntersteigen und sich dem Grab nähern.« So beginnt die detaillierte Schilderung vom entscheidenden Moment der Auferstehung, wie man sie im *Petrusevangelium* findet, einer Schrift vom Beginn des zweiten Jahrhunderts, die sehr wahrscheinlich in Syrien verfasst wurde. Petrus, der als Autor angegeben wird, war bereits seit einigen Jahrzehnten tot, aber sein Name wird verwendet, um der Schrift mehr Autorität und Glaubwürdigkeit zu verleihen. Weiter geht es damit, dass der Stein, der vor dem Grab liegt, von selbst beginnt wegzurollen, sodass die beiden Gestalten hineingehen können. Wenig später kommen drei Männer aus dem Grab. Die bereits bekannten Lichtgestalten stützen den dritten, wahrscheinlich Jesus. Unmittelbar danach kommt auch ein Kreuz selbstständig aus dem Grab heraus. Die drei Gestalten beginnen nun, immer mehr zu wachsen, werden riesig, sodass ihre Häupter den Himmel überragen. Damit endet der spektakuläre Teil der Erzählung und es geht nüchtern pragmatisch weiter: So überlegen die diensthabenden Soldaten, ob sie eine Meldung an Pilatus machen sollen bzw. müssen. Dann taucht ein weiterer Mann aus dem Himmel auf und geht in das Grab hinein. Als wenig später die

Frauen auftauchen, ist er derjenige, der ihnen mitteilt, dass Jesus auferstanden sei.

Ähnlich berichtet die sogenannte *Himmelfahrt des Jesaja*, ein alter syrischer Text, der leider lediglich in einer lateinischen Übersetzung aus dem 5. Jahrhundert erhalten geblieben ist, von einer Prozession, die aus dem Grab hervortritt und in den Himmel wandert. Dass Jesus gleich nach der Auferstehung in den Himmel aufgenommen wird, wird in dieser Schrift als Beweis für seinen göttlichen Ursprung gewertet. Darüber hinaus behandeln die apokryphen Schriften weitere Aspekte der Auferstehung, vor allem aber werden die kosmischen Zeichen, die den Tod Jesu begleitet haben sollen, wieder aufgegriffen. In einem fiktiven Bericht des Pontius Pilatus an Kaiser Tiberius, den man heute im Nikodemusevangelium nachlesen kann, ist es sogar der römische Präfekt selbst, der diese beschreibt.

Deutlich mehr Quellen findet man zu den Begegnungen und Gesprächen, die sich zwischen Auferstehung und Himmelfahrt zugetragen haben sollen. In den ersten Jahrhunderten des Christentums gab es nämlich zahlreiche Gruppen von Menschen, die der Meinung waren, über ein besonderes, geheimes und insofern nur für Auserwählte zugängliches Wissen zu verfügen. Diese von der *offiziellen Kirche* als Gnostiker bezeichneten Gläubigen vertraten beispielsweise die Meinung, dass Jesus nach der Auferstehung so etwas wie ein Geist gewesen sei, der aus Licht bestand, keinen Körper besaß und ausschließlich den Mitgliedern ihrer Gruppe, wie auch immer diese jeweils definiert wurde, Geheimbotschaften zukommen ließ.

Es gab damals eine große Fülle an Schriften, die von solchen Gesprächen erzählten. Auch die gnostischen Bewegungen dürften sehr früh eingesetzt haben, denn sie werden bereits in der Apostelgeschichte (1,3) erwähnt. Dort ist die Rede davon, dass Jesus vierzig Tage lang mit den Jüngern gesprochen habe, bevor er in den Himmel fuhr. Diese Zeitspanne wird in den Apokryphen oft deutlich ausgeweitet. Und da Maria Magdalena – zumindest nach dem Johannesevangelium – die erste Zeugin des Auferstandenen war, wird sie gerne als privilegierte Gesprächspartnerin Jesu eingeführt, die ihr Wissen direkt aus seinem Mund empfängt und daher die (alleinige) Autorität besitzt, dieses weiterzugeben.

In einer späteren Zeit hat sich neben der Vorstellung der Himmelfahrt vor allem die Idee eines Hinabsteigens Jesu in das Reich des Todes entwickelt und etabliert. Während die biblischen Texte auch in diesem Zusammenhang sehr wenig erzählen, wurden vor allem in den Predigten viele – meist völlig wirre und frei erfundene – Details angegeben. Jesus habe der Hölle einen Besuch abgestattet, sich dort mit dem Satan einen erbitterten Kampf geliefert und diesen schlussendlich natürlich für sich entschieden, sodass er nun alle Gerechten der Geschichte befreien und in den Himmel führen konnte, auch wenn diese das Pech gehabt hatten, vor der Zeit des Wirkens Jesu zu sterben. Das *Nikodemusevangelium* erzählt außerdem, dass Jesus beim Eintritt in das himmlische Jerusalem von einer Prozession begleitet worden sei, die von aus der Hölle befreiten Menschen gebildet wurde: Adam zuerst, dann die Patriarchen und schließlich die Propheten. Nur Elia und Henoch waren nicht dabei, was aber nicht verwunderlich ist, denn sie sind nach der jüdischen Tradition lebendig in den Himmel entrückt worden.

* * *

Gegen Ende des vierten Jahrhunderts versucht Johannes Chrisostomos in einer berühmten Predigt die Gründe für die Auferstehung Jesu zu erklären, indem er ein etwas gewagtes Bild bemüht: »So wie man eine Speise, die man nicht verdauen kann, wieder ausstößt und nicht nur das Unbekömmliche, sondern alles andere auch erbricht, so ist es auch dem Tod geschehen. Nachdem er jenen Leib zu sich genommen hatte, den er nicht verdauen konnte, hat er ihn wieder ausgestoßen und mit ihm alle, die in ihm waren.«

Diese Metapher vermochte die Gläubigen zu begeistern. Aus der heutigen Perspektive ist sie aber vor allem deshalb bemerkenswert, weil sie zeigt, wie sich der Auferstehungsglaube im Laufe der Zeit weiterentwickelt hat. Während in den ersten Jahren sogar das Vokabular fehlte, das zu beschreiben, was die Jünger glaubten erfahren zu haben, ist die Situation dreihundert Jahre später völlig anders. Die Auferstehung Jesu wird nun nicht bloß als Ereignis verstanden, das einen Menschen betroffen hat, sondern beeinflusst maßgeblich die ganze Menschheit – und zwar sowohl in der Gegenwart als auch in der Vergangenheit und Zukunft: Jesus hat mit dem Tod auch den Teufel und alle bösen Dämonen besiegt, mit ihm sind die Gerechten des Alten Testaments auferstanden.

14.

Ein Schwamm, ein Fußabdruck und jede Menge Kreuze – was nach der Himmelfahrt so übrig bleibt

Gegen Ende des sechsten Jahrhunderts reiste ein Pilger, dessen Name nicht überliefert ist, der aus der norditalienischen Stadt Piacenza stammte, durch das Heilige Land. Nach seiner Rückkehr verfasste er einen Bericht über diese Reise. Bei der Beschreibung der Basilika des Konstantin in Jerusalem konzentriert er sich besonders auf die dort aufbewahrten Reliquien. Sie sind gewissermaßen das materielle Erbe der Passion Jesu. »Von Golgotha bis dahin, wo das Kreuz gefunden worden ist, sind es in etwa 50 Schritte (...)«, schreibt der fromme Pilger. »Im Atrium der Basilika befindet sich eine Kammer, in der das Holz des Kreuzes aufbewahrt wird. Wir haben es angebetet und geküsst. Auch den Titel, der zu Häupten des Herrn gesetzt war und auf dem geschrieben steht ›Das ist der König der Juden‹ habe ich gesehen, in meiner Hand gehalten und geküsst. Das Holz des Kreuzes ist Nussbaum. (...) Außerdem sind dort der Schwamm und das Rohr, von denen im Evangelium zu lesen ist. Von diesem Schwamm haben wir Wasser getrunken. Auch der Kelch aus Onyx wird hier aufbewahrt, den er beim Abendmahl segnete, und andere wunderbare Dinge.«

Die Verehrung von Reliquien ist seit den ersten Tagen der christlichen Gemeinden belegt. Besonders beliebt waren zunächst vor allem das Blut – bzw. die mit Blut getränkte Erde – oder die Knochen der Märtyrer. Sie bezeugten den bis zum Tod treu gelebten Glauben und sollten, so war man überzeugt, Wunder wirkende Kräfte besitzen. Auch die Foltergeräte, die eingesetzt worden waren, um Glaubenszeugen zu quälen, avancierten nicht selten zu Objekten der Verehrung. Sie dienten der Mission und der Katechese, waren aber auch Bestandteil der persönlichen Frömmigkeit. Jesus-Reliquien dagegen sind erst seit der Mitte des vierten Jahrhunderts belegt, und zwar vermehrt, seit Helena, die Mutter Konstantins, die eine sehr fromme Christin war, das Heilige Land auf der Suche nach *den Spuren des Heilands* zu durchkämmen begonnen hatte. Und wie es wohl nicht anders zu erwarten gewesen wäre, wenn die Mutter eines Kaisers etwas sucht, wurde tatsächlich auch alles gefunden, worüber die Evangelien im Kontext der Leidensgeschichte Jesu berichten.

Da aber vom auferstandenen und in den Himmel entrückten Jesus einleuchtenderweise keine Knochen oder gar ein Leichnam als Gegenstände der Verehrung vorhanden waren, tauchten ab dem Frühmittelalter Reliquien jener Körperteile auf, von denen man meinte, sicher sein zu können, dass der Erlöser sie auf der Erde zurückgelassen habe: Nicht weniger als 14 Kirchen zeigten in der Folge die Vorhaut des nach jüdischem Brauch als Kind beschnittenen Jesus und im Hinblick auf seine Milchzähne kam es zu einer Flut, die jede Zahnfee in den Wahnsinn getrieben hätte. Auch Ampullen, die das Blut des Herrn beinhalteten, durften nicht fehlen. Sie wurden in zahlreichen Heiligtümern und Kapellen ausgestellt und hatten eine große Anziehungskraft auf die (zahlenden) Pilger. Dennoch wurde dieses Blut in gewisser Weise als Reliquie zweiter Klasse wahrgenommen, denn es stammte nicht direkt vom Leib Jesu, sondern von jenen blutigen Fleischstücken, in die sich manche Hostien immer wieder während der Wandlung der Eucharistiefeier transformiert zu haben schienen. Das absolute Highlight unter den Reliquien war aber einmal mehr der begnadeten Finderin Helena zu verdanken: das Kreuz

Das wahre Kreuz

Das Holz des Kreuzes war beinahe 300 Jahre lang verschollen, bevor es Helena durch eine glückliche Fügung in die Hände fiel. Die Echtheit der Reliquie wurde interessanterweise von Anfang an diskutiert, wobei die Autorität der Kaisermutter sicherlich ein starkes Pro-Argument darstellte. Kritische Denker wie Johannes Calvin ließen sich dennoch nicht überzeugen. So lesen wir in dessen *Traktat über die Kreuzreliquien* aus dem Jahr 1543 die spöttische Bemerkung, dass mit allen Kreuzteilen, die in den verschiedenen Kirchen und Kapellen Europas zu bewundern seien, unschwer ein ganzes Schiff beladen werden könnte. Viele gläubige Christen aber stellten die Heiligtümer, die man ihnen – versehen mit diversen als Beweis gedachten Urkunden und Dokumenten – präsentierte, nie in Frage. Der Pilger von Piacenza beispielsweise hatte keine Schwierigkeit, das Material des Kreuzes als Nussbaumholz zu identifizieren, auch wenn es zur Zeit Jesu in Judäa gar keine Nussbäume gab.

Einen Schritt weiter geht einige Jahrhunderte später der Dominikanerpater Jakobus de Voragine in seiner *Legenda Aurea*. Er konstruiert eine äußerst komplizierte Geschichte, um am Ende zu belegen, dass das Holz des Kreuzes direkt aus dem Paradiesbaum stamme, den bereits die Königin von Saba, als sie bei Salomo zu Besuch war, angebetet haben soll. Gegenüber derartig fantasiereichen Vorstellungen musste die Legende von der

Wiederauffindung des Kreuzes durch Helena beinahe banal erscheinen.

Um das Jahr 326 nämlich – so berichtet Ambrosius von Mailand wenige Jahrzehnte später – hatte die bereits 80-jährige Kaisermutter eine Vision. Als sie daraufhin – und zugleich inspiriert durch Hinweise des Jerusalemer Bischofs – unter einem römischen Tempel, der ursprünglich der Venus geweiht war, Ausgrabungen anstellen ließ, fand man in einem unterirdischen Hohlraum drei gut erhaltene Kreuze. Ambrosius zufolge konnte das *wahre Kreuz* damals sogleich identifiziert werden, und zwar dank der Inschrift des Pilatus. Später berichtete man von einer wundersamen Totenerweckung, die eingetreten sein soll, als man das Kreuz mit einer Leiche in Berührung brachte. Nachdem das Kreuz Jesu erst einmal als solches erkannt war, ließ Helena es in drei Stücke zerteilen. Einen Teil nahm sie selbst mit nach Rom, ein anderer ging zu ihrem Sohn nach Konstantinopel, der dritte blieb in Jerusalem.

Bereits 340 berichtete Kyrill, der damalige Patriarch von Jerusalem, dass kleine Stücke des Kreuzes auf der ganzen Welt verstreut seien. Und während Eusebius von Cäsarea, der eine detailreiche Biographie von Kaiser Konstantin verfasste, die Legende der Kreuzesauffindung nicht zu kennen scheint, sehr wohl aber vom Auffinden des Grabes berichtet, erzählt Johannes Chrisostomos wenigen Jahrzehnte später, dass viele Menschen in Antiochien in Gold gerahmte Teilchen des Holzes als Amulette um den Hals trugen. Natürlich wurden es immer mehr Pilger, die ein Stück vom Heiligen Holz mit nach Hause nehmen wollten. Einige gaben am Schwarzmarkt Unsummen dafür aus, andere griffen zu weniger orthodoxen Methoden. So beschreibt Egeria, eine französische Pilgerin, gegen Ende des vierten Jahrhunderts, dass sich die Diakone bei der Kreuzverehrung am Karfreitag darüber erbost hätten, dass einige Gläubige, anstatt das zur Verehrung ausgestellte Holz des Kreuzes ehrfürchtig zu küssen, einfach einen Teil davon abgebissen hätten.

Die Beliebtheit der Kreuzreliquien jedenfalls nahm ständig zu. Bischöfe und Äbte, aber auch Könige sowie die römischen Kaiser verschenkten kleine Stücke an Ehrengäste und Verbündete. Als sich die Nachricht verbreitete, dass die Reliquie die Stadt Jerusalem im Jahr 540 vor der Eroberung durch die Perser gerettet haben soll, gewann das Kreuz vermehrt auch eine militärische und politische Bedeutung. 614 dürfte die Wirkung der Reliquie allerdings nachgelassen haben, denn die Stadt wurde einigermaßen unspektakulär und ruhmlos von den persischen Truppen des Generals Schahrbaraz erobert.

Das Kreuz erwähnen die Quellen erst wieder um das Jahr 1099, als die Kreuzritter Jerusalem zurückeroberten und die verbliebenen Holzstücke in einer abgeschiedenen Ecke der Grabeskirche in einer Silberkiste entdeckten. In der Folge wurde die Reliquie bei allen großen Schlachten der Kreuzritter mitgeführt, bis sie 1187 im Kampf bei Hattin am See Genezareth in die Hände Saladins, des Eroberers Jerusalems und Gründers der muslimischen Ayyubiden-Dynastie, geriet. Seitdem gilt sie als verschollen. Der Teil, der in Konstantinopel aufgehoben wurde – eine Quelle spricht gar von zwei Stücken von etwa einem Meter Länge – wurde 1204, während des vierten Kreuzzugs, beschlagnahmt und in hunderte kleine Stücke zerteilt. Ein größeres Stück ging aber an Philipp II., der dieses an den Abt von Saint Denis weitergab, und an Ludwig IX., der seinen Schatz fortan neben der Dornenkrone in der ad hoc erbauten Sainte Chapelle in Paris aufbewahren ließ.

Daneben gab es zahlreiche Versuche, die Existenz des Holztäfelchens zu beweisen, das Pilatus am Kreuz anbringen ließ, um die Begründung der Hinrichtung festzuhalten. Dieses soll nach seiner Auffindung in Jerusalem ebenfalls in mindestens drei Stücke geteilt und nach Rom und Konstantinopel verschickt worden sein (→ S. 77-79). Der römische Teil wird heute noch in der 325 eingeweihten römischen Basilika von Santa Croce in Gerusalemme aufbewahrt. Über die Echtheit der Reliquie kann man natürlich streiten. Der Text ist dreisprachig ausformuliert: Hebräisch, Griechisch und Latein. Latein wurde im Osten des römischen Reiches aber kaum gesprochen, weshalb es als unwahrscheinlich gelten muss, dass Pilatus den Schuldspruch auch ins Lateinische übersetzen ließ.

Nichtsdestotrotz wird das Stück nach wie vor in Rom verehrt, und zwar zusammen mit zwei Dornen aus der Dornenkrone, einem Nagel, drei kleinen Stückchen des Kreuzes, einem Teil der Geißelungssäule, dem kompletten Querbalken des Kreuzes vom guten Schächer und dem Knochen des Zeigefingers des Apostels Thomas, den er Jesus nach der Auferstehung in die Wunde an seiner Seite gelegt haben soll. Diese eindrucksvolle Sammlung kam in der Vergangenheit häufig bei Andachten und in der Katechese als greifbarer Belege für die Passion Jesu zum Einsatz.

Die Werkzeuge der Passion

Die nach dem Kreuz beliebteste Jesusreliquie ist mit Sicherheit die Dornenkrone. Nicolaus Masarites, Messner der Kapelle im Kaiserpalast von Konstantinopel, schrieb um 1200, dass die Dornenkrone dort zur Verehrung ausgestellt worden sei und dass sie »noch grün und frisch und unversehrt war, denn sie hatte an der Unvergänglichkeit Jesu teil, weil sie das Haupt des Herrn Christus berührt hatte«. Wenige Jahre später erhielt der französische König Ludwig IX. vom lateinischen Kaiser in Konstantinopel Balduin II. die oben schon erwähnte Dornenkrone als Pfand für eine Geldanleihe. Später kaufte er sie zu einem Wucherpreis von 135.000 Livre Tournois, sprich: Für die Krone musste er mehr als dreimal so viel Geld hinlegen wie für den Bau der Kapelle, in der sie von nun an aufbewahrt werden sollte und der 40.000 Livre Tournois betrug. Die Investition dürfte sich aber gelohnt haben, denn das Ansehen Ludwigs IX. und seines Königtums nahm dank des Besitzes der Krone derart zu, dass manche Bischöfe Paris bereits als Zentrum des neuen byzantinischen Reiches sahen. Die religiöse Autorität des Königs wurde übrigens noch größer, als er wenige Jahre später Balduin auch die Spitze der Lanze abkaufte, mit welcher der römische Soldat die Seite Jesu durchstoßen haben soll (→ S. 103-104).

Auch diese Lanze wird im Bericht des Pilgers aus Piacenza erwähnt, denn sie wurde mindestens bis zum Jahr 570 in Jerusalem aufbewahrt, bevor man sie nach Konstantinopel brachte. Als man damit begann, die wichtigsten Jesus-Reliquien in Stücke zu teilen, ereilte die Lanze selbstverständlich dasselbe traurige Schicksal. Neben dem verloren gegangenen Lanzenstück von Paris ist daher auch ein Lanzenteil aus den Reichskleinodien der Kaiser des Heiligen Römischen Reiches bekannt. Dieses befand sich jahrhundertelang in Aachen, bis es – wohl um es vor dem Wüten Napoleons in Sicherheit zu bringen – nach Wien evakuiert wurde, wo es noch heute in der Schatzkammer der Hofburg besichtigt werden kann.

Im Petersdom wird natürlich auch ein Teil der Heiligen Lanze verehrt, bei dem es sich möglicherweise um das fehlende Stück des französischen Exemplars handeln könnte. Papst Innozenz VIII. bekam es gegen Ende des 15. Jahrhunderts von einem muslimischen Sultan geschenkt. Ob diese Lanze dieselbe ist wie die, welche Petrus Bartholomäus am 14. Juni 1098 während des ersten Kreuzzugs in einer Kirche der gerade eroberten Stadt Antiochien fand, lässt sich heute nicht mehr feststellen. Der Mönch aus Marseille war jedenfalls einer Vision gefolgt, die ihm erlaubt haben soll, diese Lanze wiederzufinden. Allerdings verlieren sich die Spuren der Reliquie von Antiochien in dem Moment, als Petrus Bartholomäus eine Feuerprobe nicht überlebte, welche unter anderem die Echtheit der Lanze hätte beweisen sollen. Als er barfüßig durch einen brennenden Holzhaufen ging, erlag er leider seinen Verbrennungen. Schließlich berichtet ein armenischer Chronist mit dem Namen Vartan der Große von einer weiteren Lanze, die der Apostel Judas Thaddäus direkt von Jerusalem in das Geghard-Kloster in Armenien gebracht haben soll. Diese noch vollständige Lanze wird derzeit im Museum der armenischen Kathedrale von Etschmisdsin aufbewahrt.

Diese Lanzen bzw. Lanzenstücke müssten jedoch allesamt Fälschungen sein, wenn man der Legende Glauben schenkt, dass nach dem Auffinden der Lanze deren Eisen und das Eisen der Nägel zusammengeschmiedet worden seien. Was von dieser Tradition zu halten ist, sei dahingestellt. Im Fall derjenigen heiligen Lanze, die einst dem später als heilig verehrten römischen Soldaten Mauritius gehört haben soll, ließ sich Kaiser Karl IV. im 13. Jahrhundert die Echtheit der Zusammensetzung, d.h. der Verschmelzung der *Heiligen Lanze und des Heiligen Nagels*, sogar vom Papst bestätigen. Diese Sammelreliquie errang im Hochmittelalter eine gewaltige Berühmtheit, denn – wie Ekkehard von St. Gallen schreibt – sie garantierte »dem Träger Unbesiegbarkeit in der Schlacht«.

Da sich irgendwann im Spätmittelalter die Lanzen- und Nägeltraditionen vermischten, sind auch die Geschichten rund um die Nägel des Kreuzes extrem unübersichtlich. Ambrosius berichtet bereits gegen Ende des vierten Jahrhunderts, dass Helena diese direkt neben dem Kreuz gefunden habe. Da der guten Mutter als Geschenk für ihren Sohn das Beste gerade gut genug war, ließ sie zwei Nägel in ein Zaumzeug einarbeiten und einen in die Krone des Kaisers. Die *heilige Trense* von Konstantins Pferd befindet sich mittlerweile in Mailand. Dummerweise behauptet aber auch die Stadt Carprentas in der Provence, im Besitz dieses aus den Kreuznägeln Jesu gefertigten Zaumzeugs Konstantins zu sein, ja, die Trense ist sogar im Stadtwappen abgebildet.

Die Krone mit dem Kreuznagel wiederum diente wahrscheinlich bereits Agilulf, dem König der Langobarden, zwischen den Jahren 590 und 615 als Erkennungszeichen und ist heute noch im norditalienischen Monza zu bestaunen. Eine ganze Reihe weiterer Nägel findet sich in verschiedenen Kirchen, beispielsweise in Bamberg, Trier, Wien und Rom. Sie werden meist in kostbaren Reliquiaren, also speziellen Behältnissen, aufbewahrt und regelmäßig den Gläubigen zur Anbetung dargeboten. Da Eisen zur Zeit der Römer aber ein recht kostbarer Rohstoff war, ist davon auszugehen, dass die Nägel Jesu nicht einfach gemeinsam mit dem Holzkreuz entsorgt und möglicherweise vergraben wurden, sondern mehrfach wiederverwendet und schließlich umgeschmiedet wurden. Dennoch halten sich die Spekulationen bis in die Gegenwart. Zuletzt behauptete der israelisch-kanadische Filmemacher Simcha Jacobovici sogar, die Kreuznägel seien in dem 1990 von Forschern der Universität Tel Aviv untersuchten Grab des Hohepriesters Kajaphas gefunden worden (→ S. 41). Diese These zog, obwohl sie völlig spekulativ ist, viel Aufmerksamkeit auf sich und wurde auch von katholischen Medien verbreitet.

Neben den bei der Kreuzigung eingesetzten Werkzeugen – es sind in den verschiedenen Kirchen weltweit mittlerweile einige dutzend Exemplare des originalen Hammers zu finden – sind vor allem die Leinentücher, die bei der Grablegung Jesu verwendet worden sein sollen, beliebte Gegenstände der Verehrung. Neben dem berühmten Grabtuch von Turin, dessen Datierung noch umstritten ist und dessen Beschaffenheit viele ungelöste Rätsel aufgibt, existieren einige Schweißtücher, auf denen sich das Antlitz Jesu auf wundersamer Weise eingeprägt haben soll. Stolze Besitzer solcher Exemplare sind mehrere Kirchen in Spanien, der Petersdom in Rom und die Basilika des Sacro Volto im mittelitalienischen Dorf Mannopello.

Schließlich sind auch vom Kelch, den Jesus beim Letzten Abendmahl verwendet haben soll, Dutzende Exemplare erhalten. Skurril mutet die in der römischen Lateranbasilika verwahrte *scala santa*, die Heilige Treppe also, an. Die 28 Stufen aus weißem Marmor stammen angeblich direkt aus der Residenz des Pilatus in Jerusalem. Von der obersten Stufe – so die Legende – habe er das Todesurteil gegen Jesus öffentlich verkündet.

* * *

Es ist sicherlich kein Zufall, dass es gerade im stark von der Passionsfrömmigkeit geprägten Spätmittelalter zu einer regelrechten Flut von Reliquien kam. Viele Gläubige hatten nicht die Möglichkeit, eine der heiligen Stätten zu besuchen; die Verehrung einer Reliquie vermittelte ihnen aber den Eindruck, einen eigenen Zugang zur Heiligkeit zu besitzen. Denn tatsächlich brauchten die Menschen damals wie heute nicht viel, um mit dem Heiligen in Kontakt zu treten. Dass die Frömmigkeit der Menschen bald politisch und wirtschaftlich missbraucht wurde, ist eine traurige Entwicklung, die aber vorauszusehen war. Denn – leider – ist auch das nur allzu menschlich.

Wie stark jedenfalls das Bedürfnis nach Verehrung des Heiligen ist, wird an einem Beispiel sichtbar, das diese Reihe abschließen soll. Auf dem höchsten Punkt des Ölbergs gibt es eine kleine runde Kapelle, die *Imbomon* genannt wird. Sie ist heute Teil einer Moschee und trägt eine Kuppel, obwohl sie ursprünglich kein Dach hatte. In dieser Kapelle befindet sich die vielleicht sonderbarste und in gewisser Weise wunderbarste Reliquie überhaupt. Von weißem Marmor umrahmt, kann man dort nämlich ein Stück eines freiliegenden Felsens verehren. In dessen unregelmäßigem Profil erkannten Generationen von Pilgern den Fußabdruck Jesu, den dieser hinterließ, als er in den Himmel aufstieg. Vom auferstandenen Jesus ist nichts übrig geblieben, das man physisch verehren könnte. Und obwohl das Christentum im Laufe der Geschichte zahlreiche Reliquien zum Anfassen produziert hat, wird in diesem ehemaligen kleinen Kirchlein ausgerechnet dieses Nichts verehrt und damit zum Objekt der Spiritualität erhoben.

Am Beginn steht der Glaube
... und am Ende auch –
das Ostergeschehen als
bezeugte Erfahrung

Die Auferstehung war von Anfang an ein zentrales Moment im Glauben der Kirche. Ganz gleich, ob Jesus selbst auferstanden ist oder von Gott auferweckt wurde – so der Wortlaut im ersten Brief an die Thessalonicher (1,10 und 4,14), dem ältesten Schriftstück des Neuen Testaments –, sowohl die Briefliteratur als auch die Evangelien präsentieren dieses Ereignis als historischen Fakt. Schon damals waren diese Fakten aber unweigerlich mit dem Bekenntnis von konkreten Menschen verbunden, die Zeugen der Auferstehung geworden waren. Dass der historische Jesus gelitten hat, gestorben ist und begraben wurde, steht außer Zweifel. Was aber nach seinem Tod geschehen sein soll, lässt sich zunächst nicht mit einer historischen, durch Quellen belegten Gegebenheit in Verbindung bringen. Vielmehr entsteht der Auferstehungsglaube aus den sehr persönlichen Erfahrungen von Menschen heraus, die authentisch versicherten – und das nicht selten mit ihrem eigenen Leben bezahlen mussten –, dass ihnen der Tage zuvor begrabene Jesus als echter, lebendiger Mensch erschienen sei.

Am besten wird diese Dynamik im ältesten schriftlichen Zeugnis der Auferstehung spürbar. Die Rede ist einmal mehr von einem Brief, den Paulus, ein pharisäischer Jude, der relativ früh zum Glauben an den auferstandenen Christus gelangt war und mehrere christliche Gemeinden gegründet hatte, im Jahr 55 an die Mitglieder der Gemeinde von Korinth geschrieben hat. Damals müssen einige Gemeindemitglieder daran gezweifelt haben, dass die Auferstehung tatsächlich stattgefunden hat. Um ihre Bedenken auszuräumen, argumentiert Paulus nicht, indem er (historische) Quellen anführt, sondern indem er darauf verweist, wie vielen Menschen der Auferstandene begegnet ist: »Denn ich habe euch in erster Linie überliefert, was ich auch empfangen habe, nämlich, dass Christus gestorben ist (...). Er ist am dritten Tag auferweckt worden, gemäß der Schrift und erschien dem Kephas, dann den Zwölf. Danach erschien er mehr als fünfhundert Brüdern zugleich; die meisten von ihnen sind noch am Leben, einige sind entschlafen. Danach erschien er dem Jakobus, dann allen Aposteln. Zuletzt erschien er auch mir, gleichsam der Missgeburt« (1 Kor 15,3-8).

Aus der Apostelgeschichte erfährt man, dass Paulus einige Jahre zuvor in Griechenland die Erfahrung machen musste, dass die Botschaft von der Auferstehung der Toten nicht besonders salonfähig war. Als er auf dem Areopag – einem zentralen Platz in Athen – predigte, hörten ihm die Leute zunächst aufmerksam zu. Als er aber begann, von der Auferstehung zu sprechen, reagierte seine Zuhörerschaft emotional: »Die einen spotteten, die anderen aber sprachen: ›Wir wollen dich darüber auch ein anderes Mal hören‹« (Apg 17,32).

Die Schriften des Neuen Testaments sind eindeutig: Nicht der Akt der Auferstehung hat zum Entstehen der neuen christlichen Gemeinschaft geführt, sondern der Umstand, dass der auferstandene Jesus einzelnen Menschen begegnet ist und diese dafür ein Zeugnis abgelegt haben. Dass diese Begegnungen bezeugt werden können – denn zur Zeit des Paulus waren viele der von ihm genannten Zeugen noch am Leben –, wird von Paulus als Beweis für die Auferstehung gewertet. Diesen Beweis hält er für so stark, dass er sich nicht einmal die Mühe macht, auf *reale* Beweise wie z.B. auf ein leeres

Grab einzugehen. Natürlich kann es sein, dass die Tradition vom leeren Grab in den 50er-Jahren des ersten Jahrhunderts noch nicht existierte. Oder Paulus wollte die Frauen, die als Erste beim leeren Grab waren, nicht nennen. Oder aber Paulus wusste, dass – wie es ja auch im ursprünglichen (kurzen) Ende des Markusevangeliums sichtbar wird –, das Auffinden des leeren Grabes allein nicht zum Glauben führt, sondern vielmehr Angst, Zweifel und Trostlosigkeit zur Folge hat.

Vielleicht aber meinte Paulus bereits, dass das, was sich konkret historisch ereignet hat, nicht wirklich relevant war. Daher verlässt er mit seinem Bekenntnis an die Gemeinde von Korinth auch die Ebene des historisch Verifizierbaren und führt die Leser auf die Ebene des Glaubens: Die Auferstehung ereignet sich genau dort, wo Menschen dem Auferstandenen begegnen. Daran hat sich auch im Laufe der letzten 2000 Jahre nichts geändert. Einiges von dem, was die Evangelien über die letzten Stunden Jesu erzählen, ist historisch glaubwürdig. An anderen Stellen arbeiten die Autoren offensichtlich mit dem Ausdrucksmittel der Legende und fügen Elemente hinzu, die eine theologische Funktion hatten und mit denen klare paränetische – also ermahnende –, liturgische und auch katechetische Ziele verfolgt werden. Das zentrale Moment der Auferstehung konnte aber damals wie heute nicht ›festgeschrieben‹ werden. Niemand hat gesehen, wie Jesus das Grab verlässt. Und keine der kanonischen antiken Quellen beschreibt es.

Für die Entstehung des Auferstehungsglaubens war es vielmehr entscheidend, dass Menschen die Erscheinung des drei Tage zuvor verstorbenen Jesus für glaubhaft hielten. Diese Gewissheit macht noch heute den Osterglauben aus. Natürlich kann man versuchen zu rekonstruieren, wie sich all das historisch zugetragen hat. Man kann untersuchen, welche Orte und Personen am plausibelsten wirken. Und man kann abwägen, was von dem, was die Evangelien erzählen, tatsächlich passiert ist. Die Ergebnisse dieser Bemühungen mögen interessant sein und sie sind – wie in diesem Buch gezeigt wurde – in mancher Hinsicht auch aufschlussreich. Offene Fragen können beantwortet werden, altbekannte Geschichten rücken in ein neues Licht. Das alles ist aber nicht entscheidend. Denn die Auferstehung bleibt – mit und ohne moderne Forschung – reine Glaubenssache. Jemanden davon mit rationalen, mit historischen Argumenten überzeugen zu wollen, ist eine sinnlose Angelegenheit. Denn nach wie vor gilt, was Paulus wenig später im gleichen Kapitel des ersten Korintherbriefes zum Ausdruck bringt: »Ist Christus nicht auferweckt worden, so ist euer Glaube vergeblich« (1 Kor 15,17).

Ostern beginnt also mit einem glaubenden Annehmen der Auferstehung und endet hier auch, denn beweisen ließ und lässt sich dieser Glaube damals wie heute nicht – Faktenchecks hin oder her …

Einige wichtige Begriffe

Apokalyptik
Der Begriff leitet sich von der Überschrift des letzten Buches im Neuen Testament ab, der »Apokalypse des Johannes«. Das griechische Verb *apokalýpto* bedeutet *offenbaren*. In apokalyptischen Schriften geht es um die Geschehnisse, die nach der Deutung der Autoren dieser Schriften am Ende der Geschichte zu erwarten sind.

Apokryphe Texte
Das griechische Adjektiv *apókryphos* bedeutet *verborgen*. Apokryphe Texte sind Schriften, die nicht Teil des kanonischen Neuen Testamentes geworden sind.

Apostel
Der biblischen Tradition nach werden zunächst jene zwölf Männer, die direkt von Jesus berufen wurden, als Apostel bezeichnet. Der Begriff leitet sich vom griechischen Substantiv *apóstolos* ab und bedeutet Gesandter oder Bote. Später wird der Begriff von Paulus erweitert, indem er sich selbst und andere nicht unmittelbar von Jesus Berufene zu den Aposteln zählte.

Dendrochronologie
Eine naturwissenschaftliche Methode, das Alter von Holz zu bestimmen; mit Hilfe von Katalogen, in denen die typischen Wachstumsverläufe von verschiedenen Baumarten in unterschiedlichen Regionen verzeichnet

sind, können mittels Vergleich Herkunft und Alter von Hölzern bestimmt werden.

Diaspora
Der Begriff Diaspora bedeutet soviel wie *Zerstreuung*. Er beschreibt die Ausbreitung und Ansiedlung von Juden in Ländern außerhalb der biblischen Gegenden, in denen sie traditionell lebten.

Häresie
Häresie bezeichnet eine Meinung oder Lehre, die im Widerspruch zu den allgemein anerkannten Glaubensvorstellungen einer Religionsgemeinschaft steht.

Hasmonäer
Laut Josephus ist dies die Bezeichnung für die priesterlich-königliche Dynastie, die in Jerusalem nach dem Aufstand der Makkabäer bis zur römischen Besatzung und der Einsetzung Herodes als König herrschte (163-37 v. Chr.).

Kanon
Ab dem 4. Jahrhundert n. Chr. bezeichnet man mit diesem Wort die Sammlung der als verbindlich anerkannten und als heilig geltenden Schriften der jüdischen und christlichen Glaubensgemeinschaften, also die jeweiligen Bibeln.

Legenda Aurea
Goldene Legende; es handelt sich um eine Sammlung von legendären Heiligenbiographien, die vom Dominikanerpater Jacobus de Voragine um die Mitte des 13. Jahrhunderts verfasst wurde.

Nikodemusevangelium

Das Nikodemusevangelium ist eine griechische, apokryphe Schrift aus dem 4. Jahrhundert, bestehend aus drei Teilen: Darstellung der Passion Jesu (Pilatusakte), Geschichte des Joseph von Arimathäa, Beschreibung des Abstiegs Jesu in die Unterwelt.

Nisan

Der Nisan ist der erste Monat des jüdischen religiösen Kalenders. Er dauert immer 30 Tage (von Mitte März bis Mitte April). Am 14. Tag dieses Monats beginnen die Rituale für das Passahfest.

Passah

Bezeichnung für das jüdische Fest, das an den Auszug aus Ägypten erinnert. Das Fest dauert eine ganze Woche und wird von einem Vorbereitungstag (Rüsttag) eingeleitet.

Pharisäer

Die Pharisäer waren zur Zeit Jesu eine politisch-religiöse Gruppierung innerhalb der jüdischen Gesellschaft. Ihre Mitglieder waren nicht priesterlicher Abstammung, studierten dennoch das jüdische Gesetz, das sie zum Teil anders interpretierten als die Sadduzäer.

Qumran

Der Name bezeichnet eine kleine archäologische Stätte am Nordwestufer des Toten Meeres, in deren Nähe ab 1947 in elf Höhlen zahlreiche antike jüdische Manuskripte mit zum Teil biblischen Inhalten gefunden wurden (Dead Sea Scrolls).

Sadduzäer
Zur Zeit Jesu bezeichnete man mit diesem Sammelbegriff die priesterliche Aristokratie in Jerusalem, die den Hohepriester stellte und den Jerusalemer Tempel verwaltete.

Septuaginta
Bezeichnung für die »Übersetzung der Siebzig«, gemeint ist damit die griechische Übersetzung der Hebräischen Bibel, die der Tradition nach in siebzig Tagen von siebzig Gelehrten in Alexandrien angefertigt wurde.

Synedrion
Im Griechischen bedeutet der Begriff *sich zusammensetzen* und ist eine Bezeichnung für den jüdischen Hohen Rat. Zur Zeit Jesu war er sehr wahrscheinlich ein lose zusammengesetztes Gremium mit beratender Funktion für den Hohepriester.

Synoptiker
Im Griechischen meint der Begriff wörtlich in etwa *mit einem Auge*. Er bezeichnet die drei Evangelien nach Markus, Matthäus und Lukas, die aufgrund ihrer ähnlichen Stoffe und den parallel verlaufenden Erzählsträngen zusammen, also wie »mit einem Auge«, betrachtet werden können.

Talmud
Der Talmud besteht aus dem mündlichen Gesetz *(Mischna)* und aus dessen Kommentierung *(Gemara)*. Er ist der wichtigste religiöse Text des Judentums nach der Bibel. Die unterschiedlichen Teile des Talmuds werden *Traktate* genannt.

Thomasevangelium

Dieses Werk ist eine Sammlung von 114 Sprüchen Jesu, das sehr wahrscheinlich in der ersten Hälfte des 2. Jahrhunderts verfasst wurde. Die einzige vollständig erhaltene Fassung ist in koptischer Sprache überliefert.

Torah

Die Torah ist die hebräische Bezeichnung für die ersten fünf Bücher der Bibel. Da diese vermehrt Weisungen und Vorschriften enthalten, wird *Torah* auch als Synonym für *Gesetz* verwendet.

Vorexilisch

Die Geschichte Israels wird durch die Erfahrung der Zerstörung Jerusalems durch die Babylonier (587 v. Chr.) und das anschließende Exil derart massiv geprägt, dass auch die Historiografie von einer vorexilischen und einer nachexilischen (ab etwa 539 v. Chr.) Zeit spricht.

Zebedäussöhne

Der Begriff bezeichnet die Geschwister Jakobus und Johannes, die zu den wichtigsten Aposteln zählten. Ihr Vater hieß Zebedäus und besaß einen kleinen Fischereibetrieb.

Zelot

Zeloten waren aus römischer Sicht jüdische Rebellen, die gegen die Besatzungsmacht kämpften. Wenn sie den traditionellen Krummdolch (*sica*) trugen, wurden sie auch Sikarier genannt. Die letzten Mitglieder der zelotischen Bewegung wurden 74 n. Chr. in der Festung Masada am Toten Meer von den Römern ausgelöscht.

FSC www.fsc.org MIX Papier | Fördert gute Waldnutzung FSC® C014496

Klimaneutral* Druckprodukt ClimatePartner.com/14044-1912-1001

Penguin Random House Verlagsgruppe FSC® N001967

1. Auflage

Umschlaggestaltung und Illustrationen: © Christian Wischnewski
Druck und Bindung: GGP Media GmbH, Pößneck
Printed in Germany
ISBN 978-3-579-06230-3
www.gtvh.de